U0515375

感谢国家自然科学基金项目（72062014） 和
海南省自科高层次人才项目（722RC644）对本书出版的资助。

触感助推

软硬触觉体验影响消费者行为的具身效应及其心理机制研究

CHUGAN ZHUTUI

Ruanying Chujue Tiyan Yingxiang Xiaofeizhe Xingwei de
Jushen Xiaoying Jiqi Xinli Jizhi Yanjiu

钟 科 ◎著

中国财经出版传媒集团

经济科学出版社
Economic Science Press

图书在版编目（CIP）数据

触感助推：软硬触觉体验影响消费者行为的具身效
应及其心理机制研究/钟科著．－－北京：经济科学出
版社，2022.10

ISBN 978 – 7 – 5218 – 4142 – 8

Ⅰ．①触…　Ⅱ．①钟…　Ⅲ．①触觉 – 影响 – 消费者行
为论 – 研究　Ⅳ．①F036.3

中国版本图书馆 CIP 数据核字（2022）第 210275 号

责任编辑：李　雪
责任校对：徐　昕
责任印制：邱　天

触 感 助 推

——软硬触觉体验影响消费者行为的具身效应及其心理机制研究

钟　科　著

经济科学出版社出版、发行　新华书店经销

社址：北京市海淀区阜成路甲 28 号　邮编：100142

总编部电话：010 – 88191217　发行部电话：010 – 88191522

网址：www.esp.com.cn

电子邮箱：esp@ esp.com.cn

天猫网店：经济科学出版社旗舰店

网址：http：//jjkxcbs.tmall.com

北京时捷印刷有限公司印装

710 × 1000　16 开　11.25 印张　160000 字

2022 年 10 月第 1 版　2022 年 10 月第 1 次印刷

ISBN 978 – 7 – 5218 – 4142 – 8　定价：56.00 元

（图书出现印装问题，本社负责调换。电话：010 – 88191510）

（版权所有　侵权必究　打击盗版　举报热线：010 – 88191661

QQ：2242791300　营销中心电话：010 – 88191537

电子邮箱：dbts@ esp.com.cn）

感谢国家自然科学基金项目（72062014）和海南省自科高层次人才项目（722RC644）对本书出版的资助。

前　　言

触觉，对消费者的体验有着决定性的影响。它为消费者提供了关于物体和环境的诸多感知，包括温度、粗糙度、软硬度、形状等。由于消费场景中的触觉要素正在发生着巨大的变化，我们需要更加深入地探究触觉影响消费者行为的方式和机理。

今天的消费者几乎可以从电商网站或直播平台上购买到任何商品。尽管屏幕上的带货主播会使出浑身解数展示一款座椅有多么舒适，消费者还是很难在购买前获得真正的触觉感受。购买场景中的触觉缺位，反而使消费者更加重视产品接触和服务体验过程中的触觉体验。乔布斯曾经透露过苹果公司对触觉细节的重视："当你打开 iPhone 或者 iPad 的包装盒时，我们希望那种触觉体验可以为你定下感知产品的基调。"

笔者从触觉的诸多维度中选取软硬度的感知作为研究对象，是基于以下两点考虑。其一，软硬度的感知伴随着生命的每一刻。无论是行立还是坐卧，接触和支撑身体的鞋底、衣物、地面、座椅或床垫都在源源不断地将软硬度的信息通过皮肤传向大脑。其二，描述软硬程度的词语总是被用来表达各种丰富的隐喻含义，这些含义大多与人们情感或态度密切相关：耳根子软、心太软、情比金坚、硬骨头、硬核科技、硬话、软语等。如果人们会使用表达软硬的语词来表达抽象的主观情感，那么这种时时存在的具体触觉感受是否也会直接影响消费者的抽象认知和主观态度？

为此，本书在全面回顾感官营销和具身认知理论的基础上，建立了触觉软硬体验影响消费者行为的理论模型；并选取了服务失败、品牌延伸、品牌新技术推广这三类常见的消费情境，通过实验研究方法验证了有关假设。

尽管本书力求以精细的研究和严谨的态度得出有价值的发现，但由于笔者水平有限，其中难免有错漏之处，请读者不吝赐教。

目　　录

第 *1* 章

"触"动人心：为何触觉对
消费者行为如此重要？

触觉，是人类的五种基本感官之一。它是人类在生命历程中最早发展的感官，也是人们掌控环境的关键手段（Ackerman et al.，2010）。由于无线网络以及触摸屏技术的发展和普及，触觉在人类生活中扮演的角色正在发生着深刻而巨大的变化。一方面，在日常信息的获取与传播中，人们从未像今天这样如此依赖手指对屏幕的点击和滑动，因此这是一个触感丰富的时代；另一方面，远距离通信技术的使用让人们越来越少地利用触觉进行面对面地人际交往（如握手或拥抱），也越来越习惯在无法触摸商品的情况下作出购买决策（如网络购物），因此这又是一个触感匮乏的时代。

这些现象展现出这样一幅图景：在人们的消费行为中，触觉作为一种视觉和听觉的辅助工具，仅仅通过肢体动作帮助我们从各种屏幕媒介上获取信息，而视听觉真正承担着体察、分拣、辨别信息的工作，则真正影响人们的决策；原本人们分辨产品和环境信息（如质地、温度等）所依赖的触觉越来越不重要了，消费者甚至可以通过想象来弥补真实触觉的缺乏（Peck et al.，2013）。事实是否果真如此，在这幅图景的背后，触觉对人们的消费行为是否存在我们尚未察觉的影响、这些影响发生的机理又是什么？本书将尝试通过实证方法对这一问题进行探讨。

事实上，在营销实践中，许多在竞争中取得领先地位的顶尖品牌都是感官营销（sensory marketing）战略的受益者，他们都因为能够为顾客提供卓越的感官体验而获得了极高的品牌溢价。这些成功的品牌在五感中特别重视消费者的触觉体验，他们并没有把触觉仅仅作为其他感官的辅助手段，这些品牌的管理者认为触觉对消费者的判断或态度有着独特的决定性影响。触屏时代的开启者、美国苹果公司已故前总裁乔布斯对消费者触觉的理解远远不止屏幕触摸那么简单，认为与产品质量本身无关的包装质感可以通过触觉为产品"定调"。他曾经这样说："当你打开 iPhone 或者 iPad 的包装盒时，我们希望那种触觉体验可以为你定下感知产品的基调"（Isaacson，2011）。被美国

《时代》杂志评选为"全球最具影响力100人"之一的营销咨询业专家马丁·林斯特龙（Martin Linstrom）在其畅销著作《感官品牌》（*Brand Sense：Sensory Secrets Behind the Stuff We Buy*）中认为，苹果公司的成功与其包括触觉手段在内的感官战略关系密切。此外，丹麦高端音响品牌B&O在其遥控器中放置没有功能价值的铝块，其营销人员发现对遥控器重量的触觉感受会让使用者觉得音响设备的技术更好；以优质服务闻名的新加坡航空则是全球第一个向乘客提供热毛巾的航空公司，这家公司相信温暖的触觉比冰冷的触觉更能够提升顾客对服务的评价，他们的做法被很多航空公司仿效（Linstrom，2010）。这些成功品牌的实践表明，在五感中具有独特地位的触觉体验对消费者认知、态度、行为的影响尤其值得营销者关注。实践案例和理论研究都有证据显示，消费者不仅仅会有意识地使用触觉获得的诊断性（diagnostic）信息判断产品的质地或质量（如触摸衣物判断是否舒适），消费者也会无意识地被一些与产品质量无关的非诊断性（non-diagnostic）触觉线索（如饮料包装的软硬、环境触感等）影响（Krishna and Morrin，2008）。

正如2017年诺贝尔经济学奖获得者塞勒教授在其著作《助推》中所论述的，政策制定者和营销者可以通过"助推"的方式影响个体的判断、决策和行为（Thaler and Sunstein，2008）。助推是指不通过强制的方式，而是以微小地改变情境或信息呈现方式去改变人们的选择及行为，实现"以小拨大"的效果（何贵兵等，2018）。非诊断性触觉线索若能够对消费者行为产生系统影响，那么触感就可以成为影响消费者行为的一种"助推"手段。

非诊断性触觉线索的效应意味着触觉对消费者行为的影响是广泛存在的，因为人类每时每刻都在利用触觉感知身体周边的环境，有研究表明地板的软硬程度对消费者的产品评价存在影响（Meyers‐Levy et al.，2010）。这些广泛存在的影响正是近年来心理学具身认知（embodied cognition）理论所证实的：人类个体的认知并不只是对外显的和有意义的信息进行加工，身体感官无意识的体验会深刻地影响认知过程和结果（叶浩生，2013；Glenberg et al.，2013）。现有研究已经表明，触觉对外界环境的物理属性感知，例如冷热（Williams and Bargh，2008）、轻重（Zhang and Li，2012）、光滑程度（Ackerman et al.，2010）、软硬（Slepian et al.，2011）等，都对个体的态度和行为有重要的影响（彭凯平和喻丰，2012）。

本书选择软硬体验作为切入口，研究"触觉对消费者行为的影响"这一问题。在为数不多的涉及触觉软硬的营销学文献中，研究者们只探讨了与产品不相关的软硬触感对产品的感官属性评价的影响，如对饮料味觉评价（Krishna and Morrin，2008）和产品材质触感评估（Meyers－Levy et al.，2010）的效应，并未讨论触觉软硬体验对与感官不相关的更抽象和更高级的消费者认知的影响，如品牌评价、服务态度评价等。另外，尽管过往的心理学文献已经报告了触觉软硬体验的具身效应（Ackerman et al.，2010；Slepian et al.，2011），但这些研究并未对其心理机制进行实证检验。基于上述现实背景和理论背景，本书希望在多个营销情境下系统地讨论触觉软硬体验对消费者行为的影响及其心理机制。

1.1　研究问题

本书关注的核心问题是：其一，消费者从外部物理环境中感受到的触觉软硬体验是否会影响营销情境中与触觉体验无关的判断、态度或评价？其二，触觉软硬体验产生作用的内在心理机制是什么？

第一，探讨需要在具体的营销情境中展开。现有研究已经证实，人们身体的动作或者五种感官对物理环境的感知都有可能对认知加工产生影响，尤其是当人们在进行社会判断等较为抽象复杂的认知任务时，心智更加容易被身体感官影响（彭凯平和喻丰，2012）。这是因为人们在许多重要的认知情境中，都会产生不确定性和信息匮乏感。例如人际交往中，人们经常需要在刚刚见面不久的情况下尽快判断一个陌生人的行为意图，此时缺乏充足认知资源的个体就极有可能尽量广泛地利用身体对环境的感知来构建自己的认知，于是感官就很有可能发挥具身作用。有研究者发现被试在见面前如果手持一会儿热的水杯就会认为一个刚认识的面谈者更加温和，若手持冰的水杯则会觉得面谈者更加冷酷（Williams and Bargh，2008）。同样，在许多营销场景中消费者都必须在缺乏足够信息的情形下进行判断评价或者完成购买决策，此时消费者会不自觉地利用各种可能的手段让自己做出更优的判断，个体的身体感官体验就很可能在无意识中参与认知过程。例如，当一个口碑良好的航空公司出现航班临时取消或时间延误时，消费者并没有充分的信息帮助自己对事件的过错责任进行准确的分析，此时如果需要消费者决定返程航班是否继续选择这家航空公司，他当时的身体触觉软硬体验是否会有影响？又如，当一家优秀的企业突然宣布将推出与其原本所处的行业不相关的新产品时，消费者的触觉软硬体验又是否会影响他们对其前景的看法呢？为了能够深入地探讨触觉软硬体验对消费者行为的影响，本书选择了近年来营销学中被众多研究者重视的 3 种不同情境，分别是：①服务失败；②品牌延伸；③品牌技术评价。在这些情境中分别考察触觉软硬体验的影响。尽管已经有较多文献探讨了哪些因素会影响服务失败、品牌延伸等情境下的消费者认知，但触觉软硬体验对这些消费者行为的影响尚未被实证研究探讨过。因此，本书的研究问题在三个情境中被具化为：①当消费者遭遇服务失败时，其容忍程度是否会被触觉软硬体验所影响？②当消费者熟悉的品牌通过品牌延伸的方式推出新产品时，消费者的触觉软硬体验是否会影响其对品牌延伸的评价；③当消费者面对不熟悉的新技术或者新品牌时，触觉软硬体验又是否会影响其对品牌技术的评价？

第二，本书也将在上述情境中探讨触觉软硬效应的内在机制。现有文献中对触觉有关的具身效应主要有语义隐喻、情境监控、情绪同化等可能的机制解释，而对触觉软硬体验的具身效应机制的实证研究还不充分，本书将在三个研究中通过实验设计、变量操纵和测量以及中介分析等实证手段，对可能的心理机制解释进行较为系统地排除或验证。

1.2　研究内容与框架

针对以上研究问题，本书开展了三项子研究共 8 个实验分别进行阐述，这三项子研究之间既有紧密的联系性，又有相对的独立性。联系性体现在：其一，三个研究关注的核心自变量都是消费者的触觉软硬体验；其二，三个研究对触觉软硬效应心理机制的探讨具有内在的逻辑一致性，都指向同一个理论假设，即触觉软硬体验会影响个体对外部物理世界的"可变性或稳定性"的情境监控，内隐人格观（研究一）和态度确定性（研究二）两个中介变量可以从不同角度验证这一理论假设，研究二和研究三也将排除竞争性的其他解释。相对的独立性体现在三个研究选择了各不相同的营销情境，因此因变量各不相同。整体而言，图 1-1 是本书的研究框架，概括了三项研究的自变量、中介机制和因变量之间的关系，在具体阐述三项研究时，本书将依据各项子研究的理论推导分别提出具体的研究假设和模型。

本书三项子研究的具体内容包括：

研究一：考察触觉软硬体验对服务失败容忍的作用是否存在，并验证了内隐人格观的中介作用。这部分内容主要由实验 1 和实验 2 实现，采用了两种不同的触觉软硬体验的操纵方式和广泛采用的阅读材料情境模拟法验证假设。实验 1 验证在情境材料阅读前的软触感（vs. 硬触感）是否能够让被试更加容忍服务失败。实验 2 则验证情景材料阅读中的软触感（vs. 硬触感）是否能够让被试持有更加"渐变论"的内隐人格观，并进而更容忍服务失败。

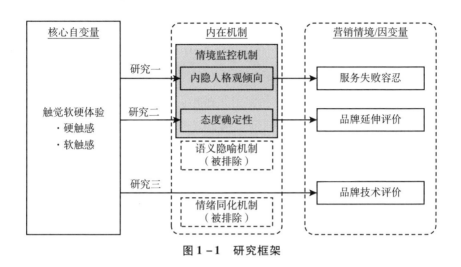

图 1-1 研究框架

研究二：考察触觉软硬体验对品牌延伸评价的效应是否存在，并验证了态度确定性的中介作用和延伸距离的调节作用。这部分内容主要包括四个实验。实验3验证软触感（vs. 硬触感）带来更高品牌延伸评价的主效应假设。实验4验证软触感（vs. 硬触感）使被试认为外界可变性高因而态度确定性降低；并且在品牌延伸距离较远时，软触感（vs. 硬触感）导致较低的态度确定性会影响被试更加接受品牌延伸，而延伸距离较近时，触觉软硬体验之间的评价将不存在差异。实验5将试图排除语义隐喻的机制解释。实验6降低了软硬触觉操纵的强度，重复验证了主效应和中介效应假设。

研究三：考察触觉软硬体验对品牌技术评价的效应是否存在，并排除了情绪同化机制的解释。情绪同化机制认为软触觉的舒适感导致正性情绪，因此总会使消费者做出正面的评价，而研究三则提出了软触感有可能在技术感知情境下带来负面感知，从而使情绪同化机制被排除。这部分内容包括实验7和实验8。实验7验证当一个知名品牌研发新技术时，硬触觉（vs. 软触感）是否会提高消费者对其品牌技术实现可能性的评价。实验 8 则验证当消费者面对一个不熟悉的品牌时，硬触感（vs. 软触感）是否会提升对其技术的评价。

本书的各章节内容安排如下：

第 1 章"触"动人心：为何触觉对消费者行为如此重要？主要介绍本书写作的动因，阐明研究背景、提出研究问题，并对全书的主要内容、研究框架以及研究方法进行概述。

第 2 章感官营销概述。回顾了感官营销的主要研究，并重点梳理了与触觉感官相关的消费者行为学研究。

第 3 章具身认知与触觉软硬的具身效应。本章详细介绍了具身认知领域的研究发展，并在具身认知理论的基础上总结了触觉软硬体验对个体行为的影响及其相关研究，最后阐述了本书的理论建构与三项实证研究的概要。

第 4 章研究一：触觉软硬与服务失败容忍。通过两个实验验证触觉软硬对服务失败容忍的影响，并验证了内隐人格观的中介作用。

第 5 章研究二：触觉软硬与品牌延伸评价。通过四个实验验证触觉软硬体验对消费者品牌延伸评价的影响，并验证了延伸距离的调节作用和态度确定性及感知契合度的多步中介作用，并且排除了软硬概念语义隐喻的竞争性解释。

第 6 章研究三：触觉软硬与品牌技术评价。通过两个实验验证触觉软硬体验对消费者品牌技术评价的影响，并排除了情绪同化的竞争性解释。

第 7 章研究结论与讨论。总结本书的主要研究结论，阐明本书的理论贡献、营销启示。

1.3   研 究 意 义

本书围绕触觉软硬的消费者行为效应开展的若干研究，可能具有以下理论意义：

第一，发现新的触觉软硬的具身认知效应。无论是本书探讨的容忍态度、品牌延伸评价、技术能力评估等主要因变量，还是内隐人格观、态度确定性等中介变量，都是首次被纳入触觉软硬具身效应的研究视野，与前人发现的触觉软硬对社会判断（Ackerman et al.，2010）、面孔识别（Slepian et al.，2011）的效应相比，探讨这些新效应有助于拓宽和加深人们对触觉软硬具身效应的理解。更重要的是，本书希望挖掘出触觉软硬对人类基本思维图式（如内隐人格观）以及元认知（如态度确定性）的影响，这将为具身认知的基本理论假设，即人类的身体作为心智的载体其实也参与认知过程提供新的有力证据。

第二，丰富和推进触觉感官营销的研究。感官营销是近年来国际消费者行为学研究领域的热点话题（Krishna，2012），触觉相关的研究中发展较快的是有关触摸需求（need for touch）和触摸想象的一系列研究（Peck and Childers，2003a；Peck and Childers，2006；Peck et al.，2013），这类研究更多关注的是"能否触摸"之间的消费者行为差异，而本书更深入地关注触摸内容的不同（如软和硬）是否会带来消费者行为的差异。

第三，将触觉感官体验这一新的情境性因素（situational factor）引入服务失败、品牌延伸等营销学传统研究话题。本书选取的营销情境都是消费者行为研究者广泛关注的话题，但前人研究更多探讨的是消费者个体差异或营销手段的不同是否会带来不一样的行为结果。本书则提出，消费者在决策或评价情境中的感官体验差异对其行为存在影响，而这正是之前大多数实证研究所忽视的。

另外，本书对于企业开展精细化营销实践同样具有一定的启发意义，主要包括：

第一，帮助管理者提升感官营销战略的管理意识，并对触觉管理提出具体的管理建议。服务失败、品牌延伸、技术营销是绝大多数企业都会遇到的营销管理情境，管理者更倾向于将资源投向信息传播、产品功能等方面，以期提升营销绩效，却常常忽视消费者感官体验的影响力，或者对感官营销手段感到无从下手。本书希望通过实证结果证明触觉感官体验对消费者态度与行为的重要影响，并且能够给予管理者明确的具体建议，如在何种情况下软触觉体验更有利于营销，在何种情况下硬触觉体验更有好处。

第二，帮助营销者识别和把握营造消费者触觉软硬体验的营销机会。消费者时刻从外部物理环境中获得触觉反馈，而在消费者作出购买决策或形成产品评价的关键时刻，其触觉软硬体验对其态度和行为存在潜移默化的影响，因此本书能够帮助营销者识别购物环境和消费者态度形成过程中的关键时刻，通过卖场环境、产品包装、赠品等手段影响消费者的触觉软硬体验，并进一步影响其态度或行为。

第 2 章

感官营销概述

第 2 章将对本书涉及的营销学和心理学相关领域的前人研究进行全面的回顾和梳理。2.1 节主要介绍感官营销的概念、研究模型及视听嗅味四种感官影响个体行为的研究发现。本书旨在探究触觉作为一种至关重要的感官对消费者行为的影响，探讨在营销中运用触觉感官手段的方式和方法。触觉营销是感官营销的一部分。感官营销近年来已经逐步形成了独特的理论体系和研究范式，并区别于过往以传统认知心理学信息加工理论为基础的消费者行为学研究（Krishna，2012），因此本章将首先对感官营销的理论和触觉以外的其他四种感官的营销学研究进展进行综述。2.2 节专门探讨触觉与消费者行为。在概括阐述了感官营销的理论与研究发现后，本章将更为细致地介绍近年来消费者行为学中触觉研究的进展，按照触觉对象的不同分别介绍人际直接触觉、人际间接触觉、产品触觉和环境触觉对消费者行为的影响，并介绍有关触觉效应神经生理基础的研究发现。

2.1 感 官 营 销

感官营销（sensory marketing）是指将消费者的五种感官体验（视觉、触觉、味觉、嗅觉和听觉）融入其中并且影响消费者感知、判断和行为的营销方式（Krishna，2010；Krishna，2012）。

在管理实践中，感官营销既是一种先进的营销战略，也是一种精细的营销战术。已从事感官营销研究 20 余年的学者克里希纳（2013）在其著作《感官营销力——五感如何影响顾客购买》（*Custom Sense：How the 5 Senses Influence Buying Behavior*）一书中回顾了近年来感官营销领域的主要研究成果，并对营销经理人提出了一系列管理建议，她认为营销者应当实施感官转向。而有营销咨询业专家在《感官品牌》中通过企业案例分析、消费者调查和心理学实验等方法对企业实施感官营销战略提出建议（Linstrom，2010）。他们都认为营销者可以通过改变消费者的感官体验的方式，使消费者下意识（subconscious）地被影响，如产品的颜色、气味、开启包装的声音、触摸的舒适感都可以让消费者形成对产品质量、新意或品牌个性的感知。事实上，已经有一些国际知名品牌在实施感官营销上取得了成果，比如：新加坡航空公司专门为空姐和机舱开发斯蒂芬·佛罗里达香水并申请专利确保顾客对其品牌有独特的嗅觉印象；英特尔公司长期实施的广告赞助计划，让几乎所有采用了英特尔处理器的电脑品牌广告的最后都会出现四个音符的著名音乐片段，这一听觉营销手段已经在 20 多年的时间里在全球消费者的心智中形成了独特的声音识别（Linstrom，2010）。

在理论研究中，感官营销是近年来快速成长的领域（Peck and Childers，2008；Krishna，2012），它关注的是如何科学地理解"感官获得的感觉和知觉与消费者行为之间的关系"（Krishna，2012）。例如，一个典型的感官营销研究问题是：嗅觉线索是否有助于消费者回忆起某个品牌（如新加坡航空）或对某次消费体验（如入住某个使用独特香氛的酒店）有更高的评价。克里希纳（2012）在一篇综述文章中提出了整合的"感官营销概念模型"（见图 2 - 1），该模型阐明了感官营销研究的理论逻辑，并展现了感官营销研究在研究范式上的独特之处。模型图最左侧是主要触发变量——五种感官。人体只能通过五种感官与外界环境进行物质与信息交互。当外界环境刺激人体感受器的不同感官细胞时，人体会形成不同的"感觉（sensation）"。随后，当对这些感觉获得的刺激有了知晓（awareness）和理解（understanding）时，消费者个体就形成了"知觉（perception）"。在经典的认知心理学中，感觉和知觉被认为是身体在生理化学意义上对外界信息处理的两个阶段，之后才是认知（cognition）的过程。也就是说，经典认知心理学理论认为"身心二元分离"（Barsalou，2008）。这种观念使认知的计算机隐喻广为人知，它把人脑对信息的认知加工类比作计算机处理数据，硬件（也就是身体）不会对软件（也就是

认知）的计算结果产生影响（叶浩生，2013）。认知心理学是消费者
行为学的主要理论来源，因此营销研究者在很长时间里也更加关注大
脑与心智对信息的加工处理，忽略了感觉与知觉这些信息获取过程对
消费者行为的影响（Krishna and Schwarz，2014）。事实上，一直有一
些心理学家反对身心二元论将身体与心智割裂的做法，他们认为人类
的认知是被根植（grounded）于身体之上的，这些以感官状态、身体
动作等个体的物质属性为起点和基础的认知活动被称之为"基础认
知（grounded cognition）"（Barsalou，2008）。基础认知概念的提出者
巴萨卢（2008）解释说，很多研究者用具身认知（embodied cogni-
tion）概念来指称基础认知，两个概念在强调身体参与认知这一点上
是一致的。克里希纳（2012）的感官营销概念模型运用了基础认知
的理论，提出感官与认知之间通过基础认知存在互为影响的双向关
系。同时，该模型也结合了有关具身情绪的研究，提出基础情绪
（grounded emotion）存在的可能性和研究的必要性，并认为已是营销
学研究热点的情绪课题缺乏对身体与感官的关注。

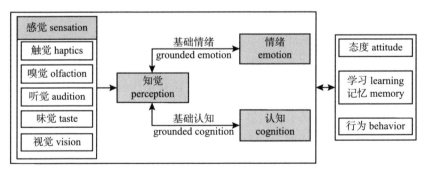

图 2 - 1　感官营销概念模型

资料来源：KRISHNA A. An integrative review of sensory marking：engaging the senses to af-
fect perception，judgment and behavior.

　　综上，图 2 - 1 左侧的大框展现了感官营销研究对消费者认知过
程的理论解读，而右侧小框则表明感官营销研究与其他消费者行为研

究一样，关注的结果变量包括消费者的态度、学习、记忆、行为等。克里希纳（2012）提出的模型清晰地指出，与基于经典认知心理学的营销学研究不同，感官营销研究不仅关注消费者对信息的心智处理过程，而且更加关心消费者的身体如何通过感官与外界进行交互，不同的感官对身体的不同刺激如何影响后续的情绪和认知过程。

近年来，运用心理学实验法的感官营销实证研究的范式也体现在图 2－1 中，研究者通过人为操纵某一种或多种感官刺激的有无或刺激量差异，来观察在这些不同刺激之下，消费者的态度、判断、评价、行为是否有差别。这一范式广泛应用于五种感官单独或整合的研究中，并且近年来的成果发表数量呈上升趋势（Peck and Childers，2008）。本书运用这一范式探讨触觉感官营销话题，其他感官的研究发现可为这一范式的有效性提供支持，并可为基础认知（或称具身认知）的理论提供证据。认知并不能独立于包括触觉在内的各种感官体验。因此，本节将会分别回顾视觉、听觉、嗅觉、味觉及多感官整合有关的感官营销研究。

2.1.1　视觉

视觉是人类获取外界信息的主要手段，人类获得的信息超过80% 通过视觉获得（张腾霄和韩布新，2013）。眼见为实、眼睛是心灵的窗户、眼不见心不烦等耳熟能详的俗语也说明了视觉对于人类感知外部世界的重要性。消费者行为学研究中与信息加工有关的信息刺激绝大多数都是通过视觉传达，如广告图片、产品属性文字、用于情绪或思维方式启动的阅读材料，等等。但本章并不把这些研究归入视觉感官营销的范畴，因为他们这些视觉信息加工过程都是有意识的并且关注信息内容的，而感官营销研究则更关注无意识过程和信息的呈现形式。

视知觉领域的心理学研究表明，人类视觉对知觉对象的空间特征（如长度、形状或方向）和颜色是最早知觉的，即使在有意识的注意

（attention）发生之前，人类已经开始无意识地处理这些物理特征（Treisman，1986）。视知觉学习（visual perceptual learning）的研究表明，个体对形状、朝向等视觉特征存在无须意识参与的内隐学习（宋艳等，2006）。因此，本章将主要回顾那些关注空间特征、颜色等和信息内容无关的视觉特征对消费者影响的研究。

1. 空间特征

空间特征对人类的无意识心理影响主要体现在认知偏差（cognitive bias）和隐喻认知（metaphorical cognition）两方面。

形状的微小变化就足以让消费者的判断发生错误，出现认知偏差。消费者会认为长高形的容器比矮胖形的容器能够盛更多的饮料，尽管其实它们的容量是一样的，长条形杯子的冰激凌得到的出价也高于矮宽形杯子，研究者把这类偏差称之为长宽比偏差（elongation bias）（Raghubir and Krishna，1999）。同样面积的比萨，消费者会认为圆形更小（Krider et al.，2001）。这些形状偏差的出现是因为人们并不能有效准确地计算空间长度与面积体积之间的关系，而是更多地以视觉捕捉到的突出长度量值作为面积或体积估计所依赖的数值（Krider et al.，2001）。类似的形状偏差不只影响人们对具体的物理量值的估算，还会影响人们抽象的判断和评价。例如，有学者发现，将产品的两种功能属性数值呈现于二维坐标上时，甲产品的 X 轴属性比乙产品好，而 Y 轴属性比乙产品差，在不改变两属性的具体数值、被试对产品的选择会被 X 轴和 Y 轴的比例尺大小影响，因为比例尺决定了属性差距的视觉感知，如果 X 轴属性差距在视觉上比 Y 轴属性差距大的话，则 X 属性占优的甲产品会更多地被选择，反之，如果 Y 轴属性在视觉上显得差距更大，则乙产品则会被更多地选择，这一效应被称之为图形决策框架效应（graph-framing effects in decision making）（Sun et al.，2012）。形状对比的认知偏差甚至会影响消费者的实际消费行为，有研究发现盘子的大小影响人们的进食量，食物装在大盘子的时候，人们会不自觉地吃得更多（Van Ittersum and

Wansink，2012）。

空间特征的隐喻意义也会影响消费者的认知。①形状隐喻。有研究发现，有拐角（angled）的形状象征着针锋相对的冲突解决方式，因此这种形状的品牌标识和相框更容易被独立型自我（independent self）的消费者喜爱；圆润（rounded）的形状则象征着温和的方式，所以更容易被相依型自我（interdependent self）的人接受（Zhang et al.，2006）。研究发现，坐在座位围成圆形的房间里，消费者更接受家庭导向的劝说信息，而座位围成方形则使得自我导向的劝说信息更有效，这是由于形状这一视觉特征具有隐喻意义，即圆形启动归属需求，方形启动独特性需求（Zhu and Argo，2013）。②长度隐喻。神经科学研究发现，人类对空间长度和时间长度共同使用同一个脑区（Nose et al.，2001），因此空间长度与时间长度之间有着密切的隐喻关系。钟科和王海忠（2015）关于品牌拉伸效应（brand elongation effect）的研究显示，消费者对产品时间功能属性（例如，电池供电时间）会被品牌标识的形状影响，长条形标识让消费者认为产品的使用时间比正方形标识更长。③位置隐喻。广告中产品图片（如杀虫剂）和作用对象的图片（如蚊子）之间的距离会影响消费者对产品效果的判断，这是基于个体认知中一种有助简化思维的隐喻结构——"距离越近、作用越大"（Chae et al.，2013）。位置上下与权力高低的隐喻关系也影响着消费者对品牌关系的认识，有研究发现定位于领袖的品牌在广告中出现位置高更有好处，而定位于朋友的品牌则应和使用者出现在同样的水平线上（Huang et al.，2013）；迈耶和迪翁（2009）则发现男性觉得位于屏幕下方出现的女性照片更有性吸引力，而女性则恰好相反；还有学者发现人们加工信息的动机低时，更喜欢仰角拍摄的产品广告（Meyers‐Levy and Peracchio，1992）。位置左右与时间的先后存在隐喻关系，因此，显示使用前后效果对比的图片，从左到右摆放会令消费者更加信任其效果（Chae and Hoegg，2013）。个体存在习惯用手的左右偏好，因此研究表明右利手的人对位于右边的产品评价更好，而左利手的人则恰好相反（Casasanto，2009）。④其他空间特征的隐喻。近来有关品牌标识的一些研究表明，图形设计上的一些细微变化在不影响消费者对标识美感评价的前提下，会对消费者的心理产生令人惊讶的有趣影响。例如，形状的边框不仅意味着图形的结构更明确，也有助于消费者获得心理隐喻上的结构感，卡特赖特（2012）发现，有边框或内部结构线条的品牌标识、药片、柜子会获得低控制感消费者的相对好评，因为他们更加需要结构感。品牌标识采用笔画线条不完整的字体设计（例如，IBM 标识百叶窗式的视觉呈现），会使得消费者觉得品牌更有趣、企业更有创新力（Hagtvedt，2011）。奇安等人（2014）则发现具有较高动态性（dynamic，例如，标识图形为一端翘起的跷跷板）的品牌标识能让消费者注意更多、评价更高；同一组研究者的最新研究则表明动态性高的警示标识（如学校门前提醒驾驶者注意孩童的标识）会使驾驶者有更快的注意、更迅速的反应，因此警示效果更好（Cian et al.，2015）。

2. 颜色

颜色是日常生活中无所不在的感官刺激，颜色心理学的有关研究已经证实，颜色承载着意义（meaning），并对人们的情感、认知和行为有重要的影响（Elliot and Maier，2014）。经典斯特鲁普效应的研究发现颜色词本身的呈现色彩（如蓝色（英文为 blue）这个词用红色字体来呈现会干扰被试对词义理解的速度和准确率（Stroop，1935），这证明人们对颜色的加工是自动的、快速的、非受控的，可以影响词义识别等较为高级的认知活动。有趣的是，颜色对与之同样属于自动加工的形状感知也有影响，前面提及的餐具相对大小影响进食量的研究还发现，如果降低食物和盘子颜色的对比色，可以缓解盘子大小导致的行为偏差（Van Ittersum and Wansink，2012）。

颜色对人类的某些影响是在进化过程中被保留下来的，例如红色能够吸引更多注意、导致更高的唤醒水平和攻击行为、提高性吸引力、提高竞争表现，这些红色效应在动物和人类的研究中都有发现（张腾霄和韩布新，2013），这可能是因为红色是大多数动物血液的颜色，对红色有显著的生理和心理反应有助于生物体躲避风险、提高生存和繁衍的机会（Elliot and Maier，2014）。颜色深植于人类体内的影响力也会通过作用于人们的动机或情绪表现在消费者行为中。例如，红色背景能够提升需要注意细节的认知任务的成绩，而蓝色背景能够提升与创造力有关的认知任务表现，这主要是因为红色启动被试的回避（avoidance）动机，而蓝色启动了被试亲近（approach）动机（Mehta and Zhu，2009）。盖伦德和夏斯（2009）发现红色能够启动被试的危险警觉，因此当一种可能导致重大损失的病毒用红色背景表示的时候，被试接种预防疫苗的意愿会比在灰色背景下更强；有研究发现网页背景颜色影响消费者在购物网站消费时的支付意愿，在竞价拍卖时红色背景比蓝色背景使消费者每次加价更多，而在讨价还价时，红色背景则让消费者出价更低，红色背景导致的更高的唤醒水平（arousal）和更强的攻击性是导致效应出现的原因（Bagchi and Cheema，2013）。另一项研究则发现红色背景色相对于绿色让消费者对一些违背社会期许（undesirable）的行为（如隐瞒并保留了店员多找的零钱等）有更高的接受度（De Bock et al.，2013）。

　　以上回顾了视觉感官从外部环境捕获的空间特征和颜色对消费者行为的影响，这些视觉感官效应大多是无意识的。尽管视觉每天提供大量的信息需要占用人们许多有意识的认知资源进行注意、分析、计算、评价并做出行为反馈，但我们仍然无法抵御视觉信息无需意识参与的强大影响力。其中有许多被心理学家称之为"认知偏差"的现象看似证明了人类认知的局限性，但其实正是这些偏差帮助动物和人类提升了继续在自然环境中生存和繁衍的机会，因此一些直觉的、快速的、浅白的或非理性的对环境的感官信息做出反应的方式被保留在了人类的身体和大脑中。在动物符号学家看来，当一种物种能够对某种类型的环境信息做出对应的反应，这其实是一个将外部环境对象化或者说是符号化的过程，若动物无法把环境对象化以提高生存机会则无法生存（约翰·迪利，2012）。那么人类也很有可能对触觉等其他感官获得的外部环境信息存在无意识的符号化的反馈，即某种特定的感官体验无意识地带来某种特定的认知过程或者结果。

2.1.2　听觉

营销实践对听觉的重视仅次于视觉。语言和非语言的声音都值得关注。

非语言声音，如人声、音乐、产品的声音属性对消费者的影响是普遍的，这些声音讯号具有天然的心理影响力。第一是人声。许多品牌不惜花费重金为广告增加动人的配音。心理学研究的确表明动听的声音本身具有正面的符号意义，被试对好听的声音读出的积极词汇有加工优势（Bliss‐Moreau et al.，2010）。第二是音乐。音乐作为一种声音形态对人的社会行为有重要影响，台湾山叶钢琴在 1980 年代创作的著名华文广告语"学琴的孩子不会变坏"在一些城市的管理实践中得到了印证，澳大利亚和丹麦的一些城镇在夜间的街道上播放古典音乐代替警察巡逻，降低了街头犯罪（Linstrom，2010）。音乐的节奏、音调和音色会影响人们情绪的快乐程度和唤醒程度（Kellaris and Kent，1993）；商场中令人愉悦的音乐能够让消费者觉得时间过得比实际要快，相反不喜欢的音乐则让消费者度日如年（Yalch and E，2000）。商店和餐厅中慢节奏的音乐比快节奏音乐让消费者停留时间增长、花费更多（Milliman，1986；Milliman，1982）。播放法国（德国）风格的音乐能够增加商店中法国（德国）红酒的销量（North et al.，1999）。而广告音乐能够通过影响消费者的心情（Park and Young，1986）和卷入度（Macinnis and Park，1991）影响劝说效果。第三是产品品本身的声音。这类声音有时会成为判断产品质量的重要指标，一项调查显示 36% 的日本消费者和 28% 的美国消费者都声称他们可以通过关门的声音判断汽车的质量（Linstrom，2010）。

赞皮尼和斯彭斯（2005）发现，尽管消费者品尝的是相同的薯片，但人为调整他们听到的咀嚼声音显著影响了他们对薯片口味和质量的评价。

语言的声音特征具有的象征符号意义会影响消费者的认知。例如，品牌名称的发音影响消费者对产品属性的感知，研究发现大开口的元音意味着物体更大、内容更多，而小开口的元音则意味着物体更小、内容更少，因此消费者会认为品牌名为 Frosh 的雪糕比叫 Frish 的雪糕更加奶味浓郁（creamy），而品牌名称的发音效应对消费者而言是自动的和无觉察的（Yorkston and Menon，2004）；当要求被试读出品牌名的时候，有叠音的品牌名称（如 Sepsop）比没有叠音的品牌（如 Sepfut）会得到更高的品牌评价（Argo et al.，2010）。另一项研究则发现，数字在不同语言中的读音特征能够影响不同语言使用者对价格折扣大小的感知，这一效应在要求消费者默念价格的时候就会产生（Coulter and Coulter，2010）。

以上研究显示出，对环境声音、人声、语言、音乐等听觉刺激的自动加工会通过意义象征、情绪等无意识地影响消费者的判断、评价、行为。听觉感官营销研究的发现表明，听觉是人类获得"有意义（meaningful）"信息的另一个重要管道，但与视觉类似，听觉对消费者也存在基于感觉与知觉而非基于意识的广泛影响。

2.1.3 嗅觉

嗅觉与呼吸密切相关，因此与人类生命维系密切相关，很多情况下我们并没有意识到我们闻到了气味，但 EEG 脑电研究显示，阈下的细微嗅觉刺激已经可以引发脑电反应（Lorig，1989）。嗅觉感官营销的发现主要有两方面：一是与消费者对环境的警觉和评价有关；二是影响消费者的记忆与学习。

嗅觉属于化学感官，具有对环境中的化学物质进行"采样"功能，因此气味会影响消费者对购物环境的评价。研究发现，在拥挤的卖场中施放感觉空旷的气息（如海滩气味），或者在人少的卖场中施放感觉空间密闭的气息（如壁炉气味）都能够让消费者感到舒适并且增加停留时间，这是因为相反的气味能够减缓消费者对环境过分拥挤或过分空旷产生的不舒适感（Poon and Grohmann，2014）。另外，当商场中的气味（安宁的或刺激的）与音乐（舒缓的或激烈的）保持一致的时候，消费者对购物环境的评价更高（Mattilaa and Wirtz，2001）。而一项在圣诞季进行的研究则显示，典型的圣诞节气味只有在同时播放圣诞音乐的情形下才会有助于消费者正面反应，如果播放非圣诞节音乐，圣诞节气味反而会降低消费者的评价（Spangenberg et al.，2005）。

嗅觉感官的神经基础研究已经证明，嗅觉与记忆有着直接的神经生理联系（Cahill et al.，1995）。克里希纳（2012）在一篇感官营销的综述文献中强调："嗅觉信息的运转机制直接与记忆连结，这与其他感官都不相同。"研究发现，当出现明显的产品气味时，消费者在两周后对产品属性的记忆更好，而环境气味没有造成这种记忆效应，这说明消费者将产品本身的气味特征与其属性连结是一起，但并不是在相同气味的环境中更易回忆早前的印象（Krishna et al.，2010）。或许正是因为嗅觉与记忆的紧密联系，才使得许多品牌努力开发自己独特的专属香味以增加消费者对自身的识别，这些品牌包括：新加坡航空、维多利亚的秘密、万豪、卡迪拉克、劳斯莱斯等（Krishna，2013；Linstrom，2010）。

2.1.4　味觉与多感官整合

味觉与嗅觉一样也是化学感官，但味觉并不是一种纯粹的单一感觉，味觉体验的形成除了依赖味蕾捕获到的刺激，还依赖嗅觉、触觉等其他感官（Krishna，2012）。味觉所获得的体验会对人们的一些社会判断产生具身效应的影响，本书将对这部分心理学文献在综述具身效应时另作叙述。而在味觉感官营销的研究中，一般关注食品、饮料等产品的味觉评价如何被影响。有研究发现人们对自己的味觉体验并没有稳定、清晰的评价（Ariely et al.，2006），因此味觉本身非常容易受到其他感官的影响，而味觉体验的评价本身对饮食相关的品牌而言是至关重要的，这里我们将简单回顾有关其他感官影响味觉评价的研究：①视觉影响味觉。杜博斯等人（1980）发现，在掩盖了果汁颜色或给出错误颜色的情况下，消费者对水果口味的识别准确性大幅降低。②听觉影响味觉。听觉部分曾引述的研究显示，对薯条脆度和口味的评价被消费者听到的咀嚼音量所影响（Zampini and Spence，2005）。③触觉影响味觉。装在硬杯子的饮料比装在软杯子的饮料得到了更好的口味评价（Krishna and Morrin，2008）。

因为味觉自身的多维属性，许多味觉感官营销的研究都融入了多种感官。而不同感官之间的整合与冲突也是近年来感官营销研究的热点。有的研究发现了多感官协同一致的正面效应，如前面提及的商场气味与音乐的协同（Spangenberg et al.，2005）、品牌名称与其口味预期的协同（Yorkston and Menon，2004）等。另外，克里希纳等人（2010）发现男性（女性）气味的香水与粗糙（光滑）的产品触感配合，能够获得消费者较高的评价，因为气味与触感给消费者的预期和感觉是一致的。还有学者则发现多感官冲突互补的正面效应，如前面所述的卖场触感上拥挤程度与气味不一致的积极效果（Poon and Grohmann，2014）。这些研究表明当消费者处于获取感觉、形成判断的中性状态时，感官体验的一致性能够使其减少感觉或认知的冲突感，获得正面效应。如果消费者本身处在警觉或不舒适的状态时，另一种感官带来的相反的感觉有助于缓解消费者的负面状态，此时感官不一致起到了积极效果。

2.1.5　小结

感官营销领域中，关于视觉、听觉、嗅觉和味觉的有关研究表明：

首先，外部环境通过不同的感官与身体进行的不同的交互，对消费者行为有着各不相同的影响。过往研究消费者的信息加工受到传统认知心理学计算机假设影响，只关心消费者心智如何处理已经完成输入的、抽象化的信息（类似计算机 CPU 和内存处理的字符），并认为不论这些信息是用键盘还是用鼠标，或是用触摸屏输入的，消费者对他们的处理并无不同。感官营销的发现证明这一假设很难站得住脚。不同的感官输入对消费者的影响有其自身特色。

其次，同一种感官中的不同感觉和知觉对消费者行为的影响也不相同。这说明身体的物理和化学变化参与了认知的过程，认知是根植于身体的物理、化学、生理属性的，并不是独立于他们的。

最后，身体与环境的交互对认知的影响有很多是自动的、无意识的、快速的、符号化的（感官体验的直接符号化，并不经由语言或概念的符号化）。

接下来，本章将着重回顾本书所关注的触觉感官营销领域的研究成果。

2.2　触觉与消费者行为

如图 2-1 所示，感官营销概念模型将触觉置于五种感官之首，提出者克里希纳（2012）对此解释说："早在公元前 4 世纪，亚里士多德提出他的感官理论认为，我们的五种感官是分层排序的，触觉处于顶层，而其他感官则用来提升触觉的敏锐。亚里士多德认为触觉提供了物质本质属性的真实图景。……触觉是人类随着生命最早发育也是最晚退化的感官。"心理学家哈洛（1958）经典的恒河猴代母养育系列实验向我们展现了触觉的重要性，他发现小猴对柔软的毛巾会自然地产生依恋，而当毛巾被拿走后小猴表现出了烦躁和不安的情绪；哈洛制作了两个外形似猴的器具代母，一个用铁丝扎制并提供奶嘴和牛奶，另一个用柔软的毛毡和白炽灯模拟了真猴的毛发和体温，但没有牛奶。研究发现小猴只有在饥饿时才会到铁丝代母那里喝奶，平时则更多依偎在毛毡代母一边；小猴在受到惊吓时会立刻抱紧毛毡代母寻求抚慰（Harlow，1958）。另有研究发现，触觉为儿童提供情感慰藉、增进心理健康（Montagu，1986）。触觉是人类操控环境和获取信息至关重要的手段（Ackerman et al.，2010）；触觉帮助我们进行情感交流和人际交往（Mcglone et al.，2014）。研究表明人们在经历负面情感时会更加关注产品的触觉属性，因为哺乳动物在消极状态下都会通过触觉寻求社会支持，人类保留了这一进化适应（King and Janiszweski，2011）。仅从物理意义上说，触觉的感受器皮肤占据了大部分的人体表面积，为人类提供了维度相当丰富的有关外界环境的物质属性信息，包括温度、硬度、光滑度、重量等。因此，不同维度、不同对象、不同形式的触觉对包括消费者行为在内的人类行为有不同的影响，本节将按照触觉对象的不同来回顾有关的研究成果，包括人际直接触觉（人—人）、人际间接触觉（人—物—人）、产品触觉（人—产品）、环境触觉（人—环境）。

2.2.1　人际直接触觉（人—人）

人际触摸影响人际关系。父母对婴孩更多的触摸有助于增进孩子的心理健康（Montagu，1986）。陌生人之间身体触碰的发生不仅意味着两人之间物理距离的消除，也意味着社交关系的改变。研究发现，在图书馆工作人员向读者递交图书卡时，与馆员有半秒手部触碰的读者，对图书馆的服务质量和环境的评价会显著提高（Fisher et al.，1976）。另一项研究则发现，餐馆的女服务员如果在找零时触碰了顾客的手或者肩部都可以得到更慷慨的小费，而且不论顾客是男是女（Crusco and Wetzel，1984）。工作人员友好地触碰还可以增加消费者试用零食（Hornik and Ellis，1988）和填写问卷的意愿（Hornik，1992）。以上研究显示，正面的、友好的人际直接触觉有助于增进与消费者的社会关系。莫亨等人（2008）探究了这一效应的生理原因，他们发现被试在接受了专业按摩之后进行信任博弈游戏（trust game）时会表现得更愿意信任他人、牺牲自己的经济利益，而这群被试血液中的催产素（oxytocin）水平在实验后显著增多（催产素是一种哺乳动物的激素，有研究表明它与许多亲社会行为有关），而单纯的按摩与单纯的信任游戏都无法增加被试的催产素分泌。

但是，并不是所有的人际直接触觉都可以对消费者产生正面的影响。有研究发现在超市中，如果有陌生人从后方与顾客擦肩而过，这样的触碰会减少顾客的购买数量和停留时间（Marttin，2012）。

以上研究表明，皮肤是触觉的感受器，也是人体面积最大的社交器官（Mcglone et al.，2014），有一定社交关系基础的（如服务人员和顾客之间）、正面发生的人际触碰有助于拉近人际距离获得正面效应；而没有关系基础的（如陌生人）、从背后发生的人际触碰会引发消费者的警觉，带来负面结果。另外，有人会接受并习惯在人际交往中使用身体接触，但有人却很排斥，有学者开发了"人际触摸舒适度量表（comfort with interpersonal touch，CIT）"以区分这种个体差异，这一量表还区分了个体对主动触碰（CIT – initiating）和被动触碰（CIT – receiving）的感受差异（Webb and Peck，2015）。

2.2.2　人际间接触觉（人—物—人）

人际间接触觉主要发生在日常生活中需要触摸他人碰过的物体这样的情形中。由于触觉以物理接触为前提，人类理所当然地会认为触摸意味着自己的身体会"沾染"其他物体上的物质，因此有学者提出了人际间接触摸会造成"消费者传染"（consumer contamination）的感知并影响行为（Argo et al.，2006）。一项现场实验（field experiment）研究表明，消费者对商场中衣物的评价和购买意愿会被消费者传染的担心影响，如果他（她）得知这位这件衣服刚刚被人试过的话，会因为感到厌恶（disgust）而降低对产品的评价。消极传染效应更可能发生在服装、食物这些使用时与消费者有密切身体接触的品类中，卡斯特罗等人（2013）在真实超市里实施的实验表明，如果熟悉的食品品牌摆在货架上的产品少而凌乱的话，消费者会觉得这些产品被太多人触碰过，会因为担心有传染而减少选购，但如果非食品的产品在货架上少而凌乱的话，消费者会认为这个产品很受欢迎，而增加选购。人际间接触摸的消极传染效应甚至会影响到消费者对纸币的使用和对纸币价值的感知，研究发现人们往往倾向于保留大面额纸币（如同俗语"大钱花得慢"），但当纸币外观肮脏的时候，这一效应不再出现，人们会因为担心传染、感到厌恶而尽快花掉脏钱（Di Muro and Noseworthy，2013）。人际间接触觉带来的"消费者传染"并不总是消极的，如果之前摸过同样物体的人具有较强的吸引力，那么积极消费者传染将会发生。阿尔戈等人（2008）同样通过现场实验发现，如果商场中的消费者观察产品被另一个容貌出众的消费者触摸过，会对产品有更高的评价，有趣的是这种积极传染效应只有当评价者和触摸者性别相反时才会出现。纽曼等人（2011）则发现人们喜欢收藏名人使用过的物品，也是一种积极传染效应，这项研究表明人们渴望拥有名人物品并不是因为这些物品能够增值出售，而仅仅是因为希望沾染名人的气息。

人际间接触摸的有关研究大多围绕消费者传染效应展开，这类研究大部分都是在真实购物环境下的现场实验。在这类研究中，"他人的触摸"是消费者在进行产品评价时被赋予权重的考虑因素，而他人触摸会产生消极还是积极的结果，与触摸者的特质有关。

2.2.3　产品触觉（人—产品）

随着网络购物的普及，越来越多的购买决策是在消费者无法触摸到的商品的情况下做出的。因此，能否触摸产品的差别对消费者行为的影响是近年来产品触觉研究最为关注的话题。尽管有很多消费者基于便利、快速等原因选择通过互联网购买商品，但也有一些消费者更

喜欢在实体商店购物时的触觉体验。这些个体差异有可能是由消费者
对产品触觉的心理需求差异导致的。佩克和奇尔德斯（2003a）专门
针对产品购买情境，开发了触摸需求量表（need for touch，以下简称
NFT 量表）。需要指出的是，量表的名称没有包涵产品、消费等限定
词，容易让人误以为这是一份测量个体对各种日常触觉体验的心理需
求的量表，但具体阅读这份量表的测项语句可知，量表的 12 个语句
全部限定了产品购买的情境，因此准确地说，这是一份测量"消费
者对产品触摸心理需求"的量表。该量表将触摸需求分为两类，一
类是工具性触摸需求（instrumental NFT），包括 6 个语句，主要测量
消费者在多大程度上需要依赖触觉完成对产品功能、质量的判断；另
一类是自发触摸需求（autotelic NFT），包括 6 个语句，主要测量消费
者购物时不带有目的的产品触摸在多大程度上能带来愉悦和心理满
足。两类 NFT 相关但又可显著区分。这份量表仿照心理学认知需求
量表（need for cognition，NFC）的结构进行开发，但发现 NFT 与
NFC 的相关性不高，即 NFT 这种心理需求与认知需求不同，具有独
立性。另外，研究发现了女性的 NFT 比男性要高。NFT 量表近年来
在触觉感官营销领域被广泛使用，用以测量触觉相关的个体差异。例
如，佩克和奇尔德斯（2003b）模拟网络购物和实体店购物的情境，
发现整体 NFT 高的消费者在能够触摸的实体店购物时会比在网络购
物时对产品评价更有信心，而整体 NFT 低的消费者则不会有这种差
异。网络购物情境下，如果有一些对产品触觉属性的描述，能够缓解
高 NFT 者的消极感受，但是这些描述只对那些诸如手机重量等可以
用具体数字描述的属性有效，对诸如毛衣的柔软程度这类的触觉属性
来说，描述无法代替真实的触摸机会。佩克和奇尔德斯（2006）还
发现，公益组织在募集捐款的传单封面上如果贴上树叶或羽毛等触感
丰富的素材，相对于没有贴的情况，高自发 NFT 消费者的捐赠意愿
更强，低自发 NFT 的消费者对两种情况的捐赠意愿无差异。佩克和
舒（2009）以及佩克等人（2013）的研究进一步发现，人们触摸时

会有对产品的拥有感（ownership），在触摸缺乏时，可以提供增进触
觉想象的文字描述。

　　研究"能否触摸产品"的文献对于网络时代的营销管理者有很
大的实践价值，但是这类研究在理论上存在两个问题。其一，触觉有
无的操纵天然包含混淆因素。在使用实验法开展研究时，研究者会操
纵被试的触摸和不触摸两个水平并报告两个水平下被试的行为差异。
但触摸和不触摸之间的差异是不纯粹的、多维度的。一方面差异是研
究者关心的感官差异，另一方面差异是研究者应当排除却无法排除的
信息量差异，因为触摸了产品的被试比没有触摸产品的被试获得的信
息量要大。这个差异会对研究者提出的解释形成挑战，例如对佩克和
奇尔德斯（2003b）的研究结果，完全可以解释为消费者评价信心的
差异不是因为触摸才引起的，而是因为触摸了产品的消费者本来就获
得了更多的产品信息，信息增量导致信心增加，该研究的另一个发现
是产品触觉属性的描述能够缓解触摸缺失导致的结果恰好在一定程度
上印证了"信息量解释"（因为文字提供的信息弥补了触觉未能获得
的信息），同样原因也可以对佩克和舒（2009）以及佩克（2013）的
研究提出疑问。事实上，视觉、听觉、嗅觉的研究中都很少会采用
"有感"和"无感"这类同一种感官的有无对比的实验操纵来进行实
验研究。研究者会选择"感知内容 A"和"感知内容 B"进行对比
（有时加上"无感"做控制组），因为这样的操纵才能避免"信息量
不同导致效应发生"的竞争性解释。因此，近年来有关产品触觉和环
境触觉的许多研究文献（Krishna and Morrin，2008；Slepian et al.，
2011；Zhang and Li，2012）以及本书都会采用感官内容操纵的实验
范式。其二，触摸需求量表的效度疑问，NFT 量表有可能混杂了
"消费者运用触觉的能力"这一额外内容。克里希纳和莫林（2008）
在研究饮料包装软硬触感对饮料质量评价的影响时，就惊讶地发现低
NFT 的被试才会被包装软硬影响，而高 NFT 的被试反而不会被影响。
研究者们对此的解释是，高 NFT 的被试由于触摸需求高所以更加清

楚地知道哪些是无关的触觉信息哪些不是。这样的解释不能让人满意，NFT量表借鉴了认知需求量表（NFC），而认知需求的有关研究都表明高认知需求的人更容易被外界提供的认知资源影响，因为认知需求指向个体对认知资源的依赖、渴求的程度，这与认知能力是完全不同的甚至是负相关的。同理，NFT也应该如此，合理的推论是NFT表示对触觉信息的依赖和渴求程度，高NFT应该会更容易被触觉体验影响，但实证结果却得到了相反的结果。造成这种情况原因可能是，NFT以自陈报告的方式测量个体差异，被试对语句的理解差异会使得测量结果的有效性产生偏差，例如男性在对"即使不打算购买，我也喜欢在商店里触摸各种商品（Peck and Childers，2003a）"这样的语句进行回答时可能因为性别角色的社会期许压力而给出比其实际行为更低的分数，使得量表低估了男性对触摸的真实需求程度。未来的研究应当对NFT的测量以及消费者基于触觉的个体差异有更深入细致的研究。

2.2.4 环境触觉（人—环境）

人们不仅会与认知的对象（如服务人员或产品）发生触觉联系，也会从并非认知对象的物理环境中获得触觉体验。这种环境触觉体验是随身的（incidental）（Ackerman et al.，2010）和情境化的（situational），并且是无时不在的。触觉与其他感官不同之处就在于，触觉不可能存在感官的"0输入状态"，人们可以闭上眼堵上耳朵让视觉和听觉感官处于0输入状态，却不可能悬浮在真空中让触觉0输入。静止站立时地板的触觉软硬体验不会间断，即使在睡眠中，人们也不是触感的0输入状态。环境的很多物理属性都通过触感被个体捕获，如温度、光滑度、硬度等。近年来许多研究发现，身体对这些物理属性的感知会影响认知与行为。

心理学家威廉斯和巴奇（2008）发表于《科学》（Science）的一篇经典论文开创了环境触觉心理效应的研究范式，该研究被设计为两个看似不相关的阶段，第一阶段被试到达后进入电梯间，一名工作人员拿着自己的一杯水和记录本，然后借口要双手记录被试信息要求被试帮忙拿一下杯子，电梯到达后工作人员取回杯子；第二阶段被试进入实验室和另一个人面谈一段时间，随后要求被试描述对面谈者的印象。该研究随机操纵了电梯里那杯水的温度，一半的被试拿到的是热水，另一半拿到的是冰水，结果发现手拿热水的被试用了更多与热情有关的词语来评价面谈者，而手拿冰水的被试则用了更多与冷酷有关的词语。此后，有关环境触觉心理效应的研究大多采用类似的操纵方法和测量手段。如有学者同样报告了手部的冷热触感（手持杯子的不同）或房间温度冷热对个体认知的影响，他们的研究发现温暖的触感能够让被试有更高的社会亲近感、使用更具体的语词、也会在社会交往情境中更加人际关系导向（Ijzerman and Semin，2009）。还有研究进一步发现环境温度能够提高消费者的社会亲近感并使得消费者表现出更多的从众行为（Huang et al.，2014）。

其后，使用类似的研究范式，另一篇发表于《科学》的文章探讨了更多的触觉感知维度对行为的影响。阿克曼等人（2010）发现：被试会认为简历在重文件夹里出现的求职者更胜任；文件夹重量也影响了被试对社会问题的看法，被试认为出现在重文件夹上的问题更值得政府出钱解决；纸张的光滑程度影响被试对纸上题目难度的判断，粗糙的纸张上题目被认为是更难的；粗糙的纸张也会使得被试在最后通牒游戏中出价更高，因为他们会被环境触觉影响，认为这是一个难以解决的问题。这项研究表明随身（incidental）触觉感受到的轻重、软硬、粗滑会影响人们的决策和判断，作者阿克曼等人（2010）在文中进一步认为，人类在生命早期就获得具体的感觉运动体验（sensorimotor experiences）是抽象的知识概念形成的重要来源，因此与触觉有关的这些隐喻性知识（metaphorical knowledge）是这些触觉效应形成的原因。

物体的重量这一物理指标对人类而言是由触觉负责经验和感受

的，在中文和英文的语词中，物理的重量与心理的重要都有概念表达的重合，例如英文中表示某事在整体中重要性占比的"权重"（weight）概念和重量概念就是同一词。这种一致性并非巧合，而是从感觉经验到心理认知的对应关系在语言中的表现，研究发现，负重的被试会认为认知对象更加重要、外币的价值更高，而且被试对思考会有更加多的投入，甚至导致观点的极端化（Jostmann et al.，2009）。还有学者通过实验发现，物理重量（physical weight）和心理重要性（psychological significance）之间有着语义激活（semantic activation）的双向紧密关系，手提重物的被试会觉得自己的公开言论有更高的重要性，而激活了重要概念的被试也会觉得自己手上提的东西更重（Zhang and Li，2012）。重量作为触觉体验的物理维度有其特殊性，因为身体为了承受重量要承载额外负担，而硬度和光滑度都不需要，也就是说的确会存在"身体不可承受之重"，但不会有身体无法承受的软硬度或者光滑度。另外，重量也与物体的"含量有关"，从生命维系的角度来说，包括人类在内的哺乳动物在拖动食物移动的过程中对食物储量的判断至关重要，因此人类为触感获得的重量投入更多的认知资源是合理的。有学者进一步发现人类对重量触感有着自动的认知监控（cognitive monitor），因此重量体验会影响人类的元认知（meta-cognition）中的元记忆（meta-memory）（Alban and Kelley，2013）。元认知是指个体"对自己认知状态的认知"，而元记忆是指个体对自己记忆状态的监控和认知。简言之，元记忆就是个体认为"自己记得多少"。这项研究发现手持写有单词的重写字板的情况下，被试会报告觉得自己对这些单词的记忆率比轻写字板上的更高，作者认为这是因为手拿重物时，被试会自动认为自己在做一件更重要的事情，当研究者明确告诉被试重量与重要程度无关时，元记忆效应消失。作者总结道："甚至我们关于自己认知的认知都是具身的（Even cognition about our own cognition is embodied）"。

此外，有证据表明人们对很多抽象概念或思维过程的理解是通过与触觉有关的心理模拟实现的。比如，让人们回忆做过的不太道德的事情之后，他们洗手的时间更长、对香皂等有洗净功能的产品评价更高，这一效应被称为"麦克白效应"，因为莎士比亚笔下的麦克白夫人在杀人后会不断地洗手以减轻罪恶感（Zhong et al.，2010）。这表明"不道德"这种抽象的概念很可能在心智中被具象为不洁净并且与身体有接触的物体，洗手可以洗掉不道德之物与自己的触觉联系。不仅是道德概念会被触觉想象具象化，日常语言中经常出现"挥之不去的想法"这样的隐喻说法，也就是说一个抽象的"想法"跟个体之间也是有触觉联系的。研究发现，人们在决策后经常会患得患失，存在决策后失调（post decisional dissonance），但人们可以通过洗手这一行为减缓这种不适感，即挥之不去的想法好像真的与个体有触觉联系一样，冲洗可以脱离这种联系（Lee and Schwarz，2010）。

以上与环境触觉有关的研究表明，触觉是人体与外部环境进行"真切接触"的感官，即使触觉体验并非来自认知的具体对象，环境触觉仍能够对消费者的认知和行为产生影响。

2.2.5　小结

综合以上关于触觉的消费者行为学影响的实证文献可以得出，无论是对认知对象的触觉感知还是从环境中获得的触觉体验都会对消费者个体的社会判断（人际关系判断、道德判断）、商品评价（材质评价、品牌评价、购买意愿）、认知（判断信心、元记忆）、亲社会行为（捐赠、帮助他人、经济奖赏他人）甚至生理的激素水平（血液中的催产素）产生影响。这些实证研究结果为人类认知根植于身体的基础认知观点或称具身认知观点提供了强有力的科学证据。触觉不仅帮助我们更准确地了解外界物质世界的实体性，也对我们的判断、决策、情绪、情感等高级精神活动有重要影响。2014 年一篇发表于神经学权威期刊《Neuron》的文章进一步找到了这些影响的神经生物基础，作者麦格隆等人（2014）发现，分布于无毛皮肤（如手掌）

下的触觉神经纤维，只有担负辨别性输入（discriminative input）的功能，而有毛皮肤（如手背或躯干）下的则有另一种触觉神经纤维（即 mechanosensitive C-fiber）担负着对大脑进行情感性输入的功能（affective input），因此作者将人类触觉依据认知功能分成两种，一种是辨别性触觉（discriminative touch），另一种是情感性触觉（affective touch）。如同脑神经研究证实了嗅觉和记忆的直接联系一样，这项研究建立了触觉与人类辨别性认知和情感性认知的关系，它表明触觉对人类认知的贡献是多样而细腻的，当我们感受到外界的温度、软硬、摩擦度的时候，我们的皮肤不仅在告知外部世界的客观状况、帮助辨识世界，也在向我们传递着更复杂高级的讯息。人类独有的思考与认知能力，从未脱离过我们自己的身体，也就是说：人类的理性其实是具身的（embodied）。

第 3 章

具身认知与触觉软硬的具身效应

本章将在上一章的论述基础上，进一步论述触觉影响消费者行为的心理学理论基础——具身认知理论，并基于该理论具体论述消费者体验到的软硬触感影响其行为的心理机制。3.1 节主要介绍具身认知的概念、理论内涵和主要发现。本书探讨的主要是环境中与产品不相关的触觉对消费者行为的影响，其心理学理论基础是具身认知理论，本节将在概述具身认知理论的基本思想之后，分别从动作具身效应和感官具身效应两方面介绍该领域的研究发现，并阐述具身效应内在机制研究的理论进展。3.2 节主要回顾触觉软硬体验对个体行为的影响。基于上述营销学和心理学的研究和理论，本书将回顾触觉软硬体验对社会判断和消费行为影响的有关研究，并在回顾前人研究的基础上，提出本书对触觉软硬效应心理机制的推论。3.3 节重点介绍本书的理论建构和研究概要。在触觉软硬体验相关效应的理论机制讨论的基础上，介绍三项子研究的逻辑关系和演进脉络。

3.1　具　身　认　知

具身认知（embodied cognition）是指，将"身体与心智在人类认知过程中是紧密一体的、不可做二元划分"作为基础观点的心理学理论思潮（Glenberg et al.，2013；叶浩生，2013）。中文文献中也有翻译为"涉身认知"（孟伟，2007），英文文献中也有使用基础认知（grounded cognition）这一术语指称同一概念（Barsalou，2008；Krishna，2012），前面图 2-1 述及的感官营销概念模型中就使用基础认知来表示五种身体感官影响消费者行为的内在机理。由于学术文献更广泛的运用具身认知这一术语，本书将使用"具身认知"概念展开讨论。"认知是离身的（disembodied）""心智独立于身体"这些观点构成了传统认知心理学的哲学基础。这秉承了柏拉图开创的、笛卡尔在认识论上确证的"身心二元论（mind-body dualism）"哲学传统，认为心理和物质（身体）是两个独立的体系，心理独立于身体的感官运动系统（sensorimotor system），是一个抽象符号的加工系统（叶浩生，2010）。具身认知原本只是在哲学或理论心理学的讨论中的一种源自思辨的理论假说或思想，核心出发点是对身心二元论的提出质疑和挑战，认为身体与认知具有一体性，并非二元分离的。20世纪 80 年代以来，实验心理学发现的大量实验证据以及神经科学的探索都清楚地证明了认知的具身性或身心的不可分离（叶浩生，2011a）。近年来，与社会判断、道德判断有关的具身效应逐步被揭示（彭凯平和喻丰，2012），具身认知也开始进入社会心理学及其分支消费者心理学研究者的视野。

具身认知强调身体感官和身体动作对认知的影响甚至是参与，而感官营销的研究大量借鉴心理学具身认知有关研究的理论、方法和发现。本书也是以具身认知为核心理论支撑的，因此有必要对有关文献进行回顾。近年来，国内学者叶浩生及其合作者在《心理学报》《心理科学进展》《心理科学》等心理学中文高等级期刊上发表过多篇综述性论文，较为全面系统地介绍了具身认知理论及主要发现（见叶浩生（2010）、叶浩生（2011a）、叶浩生（2011b）、曲方炳等（2012）、李荣荣等（2012）和叶浩生（2013）等文献）。这些综述更多从理论和思辨视角展开，下面本章将首先学习借鉴这些综述文献概括的具身认知的基本思想，随后介绍近年来国际心理学权威期刊上发表的较为重要的具身认知的实证效应，最后总结有关文献对具身认知心理机制的探讨，为本书的理论建构夯实基础。

3.1.1 基本思想

叶浩生（2013）将具身认知的基本思想概括为以下三点：①身体的限制性：认知的特征和范围被身体限制；②身体参与性：身体担负的物理或化学过程是参与认知的不可分割的一部分，身体与环境的交互很多情况下是认知的起点；③身体影响力：动机、情绪、社会判断这些认知行为结果会被身体影响。

（1）身体限制性

身体构造的不同决定了对世界的"经验"的不同，"经验"的不同决定了"认知"到的世界的不同。因此，身体对认知有限制作用。人类的五种感官和感官构造使我们对周边的环境进行诸如"山高水长"这样的建构，也让我们学会了诸如利用太阳识别方位这样的认知技能。身体感官的限制就是我们认知的限制，比如候鸟在其喙部有地磁感受器，使其具有"磁感官"，这种人类不具有的感官使候鸟能够在远距离的迁徙中保持方向的准确稳定。人类目前无法准确了解地磁信号在候鸟的身体和大脑中是如何表征、运作的，但我们可以肯定的是，候鸟具有的这种特殊的"空间认知"能力是由其身体感官的能力决定的。人类的认知受制于仅有的五种感官的数量，也受制于每一种感官的阈限，如视觉的光波长阈限、听觉的声波频率阈限、嗅觉的化学灵敏度的阈限、肌肉的力量承受阈限，等等。物质世界的很多物理量我们是无法通过经验获得的，再先进的卫星定位系统都无法让人类"形成"候鸟大脑中的地理图景，因此认知受限于身体。

也有研究者从认知的进化功能角度分析了身体对认知的根本限制。有理论心理学家认为："基本上，延续生命和不断复制是驱动生命进化的双重法则。这些法则必然要求生命体与物理世界和社会环境进行互动，这种互动只能通过身体展开……大脑工作是为了指导与外部世界的互动，而这些互动是被身体所中介的……面对捕食者，如果鼹鼠尝试去飞翔而鸟却尝试在地上打洞，他们的基因就会从生物基因池中消失……既然神经系统不仅对动作的发出有存在必要性，并且动作必须有身体的参与也必须考虑身体的能力，可以肯定很多心理过程的根源是基于身体动作的需求。（Glenberg，2010）"此外，符号学近年来对动物符号的探讨表明，如果将符号化理解为"用一物指代另一物"的指号过程，那么动物对身体感官进行对象化或符号化的低级"认知"（约翰·迪利，2012），对其进化目标的实现是成本低并且收益高的。例如：昆虫可利用嗅觉感知到异性的信息素并以更低搜寻成本完成繁殖，身体对信息素的感官体验被昆虫符号化为可交配的异性；象征着血液颜色的红色对很多哺乳动物的生理唤醒的作用有助于他们更快速地逃离危险，对红色的感官体验被哺乳动物符号化为"此刻需要调动更活跃的身体机能"的指令；一头狮子无须"我思故我在"的反思能力也能在丛林中生存，但是如果它不能根据视觉捕捉到的动物个头大小来决定是否出手猎杀，它就很可能被过大的动物伤害或者被过小的猎物浪费体能而饿死；如果动物不能够根据身体触感的软和硬来判断外界环境的坚固性，就很有可能错误地把巢穴筑在松软的沙土上而被雨水剥夺生存机会。人类作为生物也有生存和繁衍的目标，而千百万年的进化旅程必然使我们保留了很多优先满足身体而非优先满足理智思考的、将感官体验低级符号化的"认知"，已被人类行为实验证明的红色唤醒效应就是一个例子（Elliot and Maier，2014）。可见，为了进化的目标，认知和身体必须协同，身体是基因的载体，身体受制于环境，而认知受制于身体。

（2）身体的参与性

笛卡尔的身心二元论（Cartesian dualism）曾经受到很多思想家的挑战，如杜威、詹姆士、维果茨基都在哲学思辨层面上否定"身心二元"的说法（叶浩生，2010）。按照维果茨基的认知理论，人不可能完全从内部产生心理过程而不依赖于外部，而人的心理过程最初一定来自对外部的经验而后才能转移到内部（王光荣，2004）。前人在一篇具身认知的综述文献中用许多实证研究结果作为论据直言："笛卡尔的二元论是错的。"（Glenberg et al.，2013）

此外，神经生理学的有关研究证实了身体与心智在认知过程中的融合。前面提及的有关触觉在神经层面的就有认知功能物理区分的神经学研究证明了身体对认知的参与（Mcglone et al.，2014）。镜像神经元（mirror neurons）系统的有关研究表明，人类真实做某项动作和看到他人做某项动作时都会激活镜像神经元，这表明对身体传递给大脑的信号，大脑并不仅仅是进行抽象的加工，还会进行具象的模拟（叶浩生，2012）。这也表明人类的认知活动与其身体的行为活动之间更有可能是一个复杂协同的、并行的、实时交互的过程，身体和心智共同承担了认知过程中的工作。身心之间的互动并不像二元论所假设的那样，是分工简单明确的、串行的、步骤割裂的过程。并不是说身体只需将生理电讯号传递给大脑之后就完成了工作，接下来只需等着大脑再给输出指令就去完成行为。镜像神经元系统的发现给具身认知思想提供了生理意义上的科学证据。

（3）身体的影响力

具身认知理论认为身体对认知的影响主要通过人类感官运动系统形成，具身认知实证研究的效应主要有两种类型：一种与身体动作有关，另一种与感官体验有关。接下来分别介绍两种实证研究成果。

3.1.2　实证效应

（1）动作的具身效应

最早用实证方法挑战身心二元论假设、支持具身认知思想的发现就是有关动作具身效应的研究。在19世纪末，科学心理学的开创者詹姆士（James）就提出过有关认知具身性的思想，他认为人类不是因为害怕而逃跑，而是因为有了逃跑的动作而知道自己害怕了，也就是动作决定认知（李荣荣等，2012）。有研究人员通过巧妙的实验设计验证了动作对认知的影响力，他们要求实验参与者试用一些头戴式耳机产品，并告诉被试需要依据指引做各种头部动作来测试产品的质量，耳机中向被试播放关于耳机的广告介绍，结果发现做了垂直方向（点头）动作的被试比做水平方向运动（摇头）的被试要更加同意广告内容（Wells and Petty，1980）。另一项著名的研究中，研究者要求被试横向咬住一根铅笔的笔杆（嘴唇姿态更接近微笑）或咬住笔的一端（嘴唇保持收拢的姿态），结果发现咬住笔杆的被试因为表情肌肉状态与笑容一致而认为所观看的动画片更加好笑（Strack et al.，

1988）。这些研究的范式是类似的，都给出一个虚假任务要求被试保持某一种被操纵的身体姿态或动作，随后要求被试完成带有实验真实测量目标的认知任务，观察目标测量值是否有显著差别。有研究者则使用近似的研究范式发现，保持身体挺拔的被试在完成了一项成就任务之后比身体姿态松弛瘫软的被试报告更多的正性情绪（如骄傲），而皱紧眉头的动作则会让被试认为自己在任务中更加努力（Stepper and Strack，1993）。另一项研究发现，当被试做出一些收紧肌肉的动作时，其意志力也会更加强大，这些被试能够更好地抵御瞬时疼痛、食物的诱惑、信息干扰等（Hung and Labroo，2011）。一些研究人员则发现，身体做出左右双侧摇摆动作的被试比单侧动作的被试的态度要更加不确定（Schneider et al.，2013）。身体的姿势或表情在以往均被认为是"认知或情绪的结果外化于形体的表现"，而这些研究则证明表情、姿态这些身体动作可以驱动认知。

　　一些研究甚至发现，包括语言理解、面孔识别、产品评价等高级的认知活动也都会被表情肌肉动作影响。哈瓦斯等（Havas et al.，2010）发现通过注射药物暂时麻痹被试的皱眉肌肉，被试会对阅读理解中含有生气和难过这些情绪（会导致皱眉）的句子反应时明显变慢，这说明语言理解中的句子意义加工这一高级认知活动是含有身体对意义的心智模拟的，阻碍了身体的模拟则会阻碍意义的理解。有研究发现，要求被试用力写字（或轻轻写字）时，被试会更多地把中性面孔识别为男性（或女性）（Slepian et al.，2011）。当人们想要得到一个产品时会在心理模拟用手抓取这个物品的过程，而如果消费者的习惯用手拿着其他的物品，心理模拟会被阻碍，但消费者会因为自己模拟抓取有困难而错误地归因为自己不喜欢该产品，因此相对于非习惯用手抓握物品的消费者而言，他们会给产品更低的评价（Shen and Sengupta，2012）。

　　还有研究发现，动作本身具有隐喻意义。消费者做出一个困难决定之后总会回想并担心自己放弃的选项才是更好的，这种决策后的权衡犹疑会降低消费者的满意度，例如在餐馆点餐后会认为自己没有点的那些菜可能更好。如果这时消费者能够做出"关闭"的动作，如合上菜单，会帮助他停止思前想后，并获得更高的满意感（Gu et al.，2013）。这项研究的作者认为，身体做出的关闭动作会被心智理解为"完成了一个决策"，这样的隐喻式想法能够让个体结束上一个认知活动。一项研究发现后退的动作意味着身体处于警觉状态，做出后退动作的被试在字色不一致的 Stroop 测试中表现更好（Koch et al.，2009）。有研究证明手臂向上、向内弯曲意味着接纳，而向下、向外弯曲则意味着拒绝，做出这些动作的被试在进行产品判断时，向内（或向外）弯曲时被试更喜欢（或更不喜欢）看到的产品（Cacioppo et al.，1993）。

综上，有关动作的众多具身效应有力地证明了身体对认知的限制性、参与性和影响力，而这个领域的研究揭示出认知不仅仅是抽象的讯号传递和运算过程，身体对动作具象模拟过程是许多人类复杂认知活动不可或缺、不可割裂的一部分。

（2）感官的具身效应

首先，感官体验会影响个体的认知。视觉感官方面，除了前面回顾的与位置、形状、方向的隐喻有关的具身效应之外，还有表明个体对光亮程度的感知会影响其行为，钟晨波等人（2010）的研究发现在黑暗中的被试比在光明中的被试更加不诚实和自私自利。触觉感官方面，前面已经回顾了有关重量、温度、光滑度感知的具身效应，有关硬度的具身效应是本研究的关注点，将在后面专门回顾。嗅觉感官方面，除了前文回顾的气味给消费者关于性别特征、环境拥挤程度的具身效应之外，有研究者依据英文等语言中出现的鱼腥味与怀疑在语言词汇上的重合（如英文 fishy 也有怀疑的意思），发现闻到鱼腥味的被试会更多地表现出怀疑的态度（Lee and Schwarz，2012）；干净的气味不仅能够让被试对干净有关的概念语义加工更快，报告更多次数的每日清洁行为（Holland et al.，2005）；还能够增加被试的捐助行为（Liljenquist et al.，2010）；臭味则让被试在道德评判中表现得更为严苛（Schnall et al.，2008）。听觉方面，前面所述的音乐节奏对个体行为的影响也是具身效应的表现。味觉方面，喝了苦味饮料的被试比喝了甜味或无味的被试表现出了更高的厌恶情绪并且对他人的道德评判更严苛（Eskine et al.，2011）；而甜味的糖果则让人有更高的帮助他人的倾向（Meier et al.，2012）。

其次，个体的认知活动会影响感官体验和生理指标。如以上论述的，具身认知的心理学思想反对的是把身体仅作为环境信息收集装置和认知结果的执行装置的认知理论，具身认知强调身体和心智的一体性，不单纯只是身体对心智的影响，很多与感官有关的具身效应，通过高级认知活动对身体感官体验和生理指标的影响，证实了这种身体和心智的一体性。例如，有研究发现，经历了被人拒绝的经历之后，被试会报告房间温度更低并且在食物选择上比控制组的被试更多地选择了热的食物而不是冷的（Zhong and Leonardelli，2008）；怀旧的音乐比普通音乐能够让被试身体感到更高的温暖（Zhou et al.，2012）；数了钱的被试比数了纸的被试更能够忍受生理疼痛，能让双手在冰水中待更长的时间（Zhou et al.，2009）；而权力感低的个体（相对于权利感高的）对物体感觉更加沉重（Lee and Schnall，2014）；嗅觉方面，在前文提到的有关鱼腥味和怀疑的文献中还发现，启动了被试有关怀疑的想法之后，他们对鱼腥味的识别准确性显著提高（Lee and Schwarz，2012）；视觉方面，无希望感被启动的被试会更加希望待在亮一些的房间中（Dong et al.，2015）。

以上具身认知在身体动作和感官两方面的实证效应，表明具身认知对人的身心关系的界定和思考是有事实依据和科学证据的。

3.1.3　心理机制

包括消费者行为在内的行为科学问题可以从三个层次进行探讨：第一是行为和经验层次的，第二是认知与信息加工层次的，第三是神经机制层次的（Lieberman and Ochsner，2001）。本书将要开展的有关触觉的软硬感官体验对消费者行为影响的研究不涉及神经机制的讨论，而在行为层次的目标则是发现营销情境下具有应用价值的触觉具身效应，在认知与信息加工层次上，则希望通过实证方法解释这些软硬效应的机制与原因。因此本节首先需要对具身行为效应在认知与信息加工层次的心理机制解释进行梳理。总结过往的研究，本书将具身效应在认知与信息加工层面的内在机理分为四种机制：语义隐喻机制、情境监控机制、情绪同化机制和心智模拟机制。

（1）语义隐喻机制

语义隐喻（semantic metaphor）机制主要用来解释感官有关的具身效应，它认为身体体验影响个体认知和行为的原因是这些体验激活了特定的语义概念及其联想网络，这些概念的激活进而导致了行为效应的产生。前面提及的有关触感重量激活"重要"概念的研究（Zhang and Li，2012）、嗅觉鱼腥味激活"怀疑"概念的研究（Lee and Schwarz，2012）都发现了某种感官体验和某个概念激活之间的双向关系。

（2）情境监控机制

情境监控（situation monitor）的机制对动作和感官两种具身效应都有解释力，它认为个体自动地对身体本身以及身体所处的即时环境进行监控，感官运动系统的运作情况是个体实施监控的主要依据，情境监控的结果是产生相应的行为或行为倾向。

感官和动作是生物体与环境进行交互的界面，为了确保生命延续和繁殖概率的最大化，作为生物的人类必须拥有优先处理环境交互的应对系统，发生于生物体内部的反思和计算必须以身体安全为前提，因此人体的感官运动系统的重要功能就是对身体对外部世界的"经验"或"体验"做出简单、直接和快速的反应。

例如，对前文提及的有关触觉冷热和环境冷热的具身效应（Williams and Bargh，2008；Zhong and Leonardelli，2008；Huang et al.，

2014）进行分析，温暖的环境意味着哺乳类动物可以减少热量损失，而过低的气温则意味着必须采取行动保住体温减少热量的损失。冷意味着环境的严酷，暖意味着环境的适宜友好，这样的联动关系有时甚至不需要概念表征和语言的参与。而这种联动关系对人类包括大脑和身体在内的内部系统必须有足够的影响力，才能够让生物体付出足够大的行为努力去改变自己的处境，因此这种影响力必须是泛化的，当触觉感到冷的生命个体不应浪费认知资源来对冷的程度、冷的原因进行准确判断，个体只需在感到冷的时候进入紧张状态准备逃离或采取与增温有关的行动即可。已经建立了"触感冷"—"可供提取的热量资源少"联动的人类会让这种自然的紧张状态占据自己的认知，正如前面引用的一篇文献所发现的，当被试先接触过冷杯子之后，这种寒冷的触觉会使被试对所处的环境产生负面的感知；而随后与其见面的面谈者也是这个环境中的一种元素，所以被试也会对面谈者产生负面的感知。由此可见，在进化中形成一套"感官体验（环境状况感知）"—"身体机能调动（行为应对）"这样的"情境监控体系"非常有必要，而且由于其对生存的意义至关重要，因此这个体系快捷、优先、自动化并且泛化，当这一联动体系的作用泛化到其实无需这些映射发挥作用的认知活动时，感官的具身效应就发生了。

同样对重量触感的具身效应，前面提及的有关轻重触感与元认知的研究（Alban and Kelley，2013）就与语义隐喻机制（Zhang and Li，2012）有所不同，前者认为负重体验会让被试监控到自己处于更为紧张的状态中，这种监控泛化到了负重情况下所做的记忆任务。与此类似，前面所提的研究发现后退动作对 Stroop 测试成绩的影响，就是"情境监控"机制在发挥作用，后退意味着警觉的状态也意味着环境可能有危险，需要提高和保持注意力，这提高了毫不相关的 Stroop 测试的成绩（Koch et al.，2009）。个体对自身认知状态的元认知意义上的监控，其实源自对即时环境的监控，而这种对即时环境的监控也有可能即时泛化到对外部世界或他人的整体看法，而具体的行为只是这种整体看法的结果。例如，研究者发现在灯光昏暗的房间里，被试会认为自己未来找到工作的前景渺茫（Dong et al.，2015）。

综上，情境监控机制可以通过身体动作或感官体现对两方面的影响来考察：其一，对元认知的影响；其二，对个体持有的关于外部世界或他人的整体观点的影响。

（3）情绪同化机制

情绪同化（emotion assimilation）机制也可用于解释两种具身效应，这种机制认为个体的感官和动作对个体的情绪产生影响，当个体行为被这些身体激发的情绪同化时，具身效应发生。某些感官刺激和动作具有明显的情绪启动作用，如令人不快的气味或味道，前面提及有关臭的气味和苦的味道引发更严苛的道德评价的研究，它们的机制都是感官刺激引发的厌恶情绪（Schnall et al.，2008；Eskine et al.，2011）。

（4）心智模拟机制

心智模拟（mental simulation）机制主要用来解释一些身体动作有关的具身效应，它认为个体在观察或想到动作时都会想象自己在做这个动作，而身体本身的动作对这种模拟及模拟的流畅性的影响，是导致身体动作具身效应的内在原因。前面提及的有关身体动作的具身效应（Shen and Sengupta，2012），背后的机制是心智模拟。

综上，感官具身效应主要有3种解释路径，即语义隐喻机制、情境监控机制和情绪同化机制，因此研究者在探讨某种具身效应的时候，需要在建立一种理论解释机制的同时，排除其他机制成立的可能性。本书主要探讨触觉软硬体验在营销情境中的具身效应，下面将进一步有关研究进行分析。

3.2　触觉软硬的具身效应及其机制

本书关注消费者从物理环境中获得的触觉软硬体验是否会在营销情境中影响其评价或态度等行为表现。触觉软硬体验是人类个体在日常生活中通过皮肤和肌肉感受到的与物体受压变形程度和反馈有关的触觉感知维度。人体即使在放松自然的静止状态，也有关于身体物理支撑点软硬程度的触觉感知（如地板或座椅）。在营销学感官领域与心理学具身认知领域的有关研究中涉及软硬触感的研究尚不多，主要包括以下几篇：

营销学者克里希纳和莫林（2008）发现杯子的软硬感知会影响消费者对杯子里饮料的评价，但这种效应只有在那些自发型触摸需求低（平时更不喜欢触摸商品）的被试中才会出现。作者依据认知的两阶段理论认为，消费者面对产品进行评价时会首先存在一个非受控的自动加工阶段，尽管杯子的软硬程度对饮料的评价是非诊断性线索，但消费者会在第一阶段下意识地被其影响；第二阶段是消费者付出更多认知努力、卷入度更高的受控加工阶段，会根据更有诊断性的信息做出对信息的诊断性进行考量，并做出更理智的判断。作者认为，消费者会认为杯子的硬触感是意味着高质量的非诊断性线索，而软触感则是意味着低质量的非诊断性线索。这个研究的软硬操纵是通过杯子材质的不同来实现的。

营销学者迈耶斯—利维等人（2010）考察了地板软硬影响消费者对产品材质判断的效应。作者通过不同被试站立的硬地板或软地毯的地面材质操纵其触感，要求被试在观察一些表面材质软硬中性的产品（如藤制衣物篮等），并在只能使用眼睛观察判断这些产品的触感软硬程度；作者还使用被试间操纵随机分配了被试与产品之间的距离，分为近、中、远三种距离。结果发现，在远距离条件下，被试的身体触觉感知不会影响其判断；中距离条件下，软硬触感同化了其对产品软硬的判断，即站在地毯上的被试相对于站在地板上的被试认为产品更软；近距离的条件下，软硬触感引发了对比效应，即软触感的被试相对于硬触感的被试认为产品更加硬。作者认为，尽管人们认为感官体验到的感觉（sensation）与情绪（mood）很有关联并且对消费者认知的影响也是相近的，但是情绪驱动的行为只会发生同化效应（正性情绪导致积极结果、负性情绪导致消极结果），但这项研究证明感官体验与情绪不同，它既可以对行为有同化效应的影响，也可以导致对比效应。这项研究所选择的因变量本身就是产品的触感判断，因此研究者发现，消费者身体的环境触感体验在其对无关对象的判断中发挥了"对照标准"的作用。在近距离的情况下，消费者能够看清中性软硬的材质构成，但需要对他的软硬进行主观判断时会把自己当下的触感当成是惯常的、中等的软硬程度，地板或地毯的软硬在主观感受上都位于中值，被试清楚地看到产品比地板软（比地毯硬）因此给出更软（更硬）的评价，对比效应发生。在中等距离的情况下，消费者无法完全看清产品材质的构成，但又认为自己视觉感官进行判断有一定的根据，此时其触觉感官获得的软硬触感体验也下意识地成为其依据的一部分，因此站在地毯（或地板）的被试会认为产品更软（或更硬），同化效应发生。在远距离的情况下，消费者觉得自己无法通过感官获得完成判断，因此触感的效应消失，站在地板和站在地毯上的被试在软硬材质判断上没有差异。

心理学家阿克曼等人（2010）通过 6 个实验探讨了不同维度的触觉体验对一系列个体社会判断的影响，前面对其关于重量体验和粗糙度触感的实验进行了介绍，此处重点介绍其实验五和实验六，这两个实验操纵了被试的触觉软硬体验。在实验五中，主试为了不让被试察觉其真实的研究目的，对其触感操纵进行了巧妙的设计。被试首先被告知需要进行两个无关的不同研究，第一个研究要求被试观看一个魔术表演，如同很多魔术，其中一个环节要求被试亲自拿开遮盖物检查其下是否有东西，被试被随机分到了两种遮盖物条件下，硬触感组触摸的遮盖物是硬盒子，软触感组触摸的遮盖物是软毯子。完成魔术任务的被试，随后阅读了主试给出的求职者简历，并要求被试对求职者是否适合一份工作进行评价，结果发现硬触感的被试会认为求职者更严于律己（strict）但也更死板（rigid），对求职者其他维度的评价和整体评价没有收到触觉体验的影响。在实验六中，研究者使用座椅的软硬来操纵被试的触感。他们被要求在一个模拟购车的场景中与一名销售人员进行价格谈判，汽车产品本身有一个标签价格，被试会首先要求一个新的折扣价格，销售人员以价格过低为由拒绝出价并要求被试给出第二个价格，随后被试还需要对销售人员的印象进行评分。结果发现，与实验五类似，坐在硬座椅的被试认为销售人员更加稳定（stable）、更少情绪化（emotional），但对整体印象没有效应；座椅的软硬对被试的出价多少没有效应，但是却显著影响了两次出价的变化，坐在软座椅的被试出价变化更多，更加遵从谈判对手，坐在硬座椅的被试则对自己原先的出价更加坚定。这篇文献主要报告了触感对社会判断的一系列效应，并未对其机制进行实证探讨，但在其理论论述中，作者认为触觉对人类监控与改变环境非常重要，因此从生命早期获得触觉体验开始，人类逐步形成了大量关于触觉的隐喻性知识，例如环境的稳定性（stablity）或可塑性（plasticity）等，当触觉从环境获得体验时，这些隐喻性知识会经由无意识途径（unconscious path）对人类的认知发挥作用，作者甚至认为这些途径可能包括无须意识参与的脑神经活动。阿克曼等人虽然在文中提到了隐喻，但从其理论论述来看他们并不同意软硬触感的效应来自"语义"激活意义上的隐喻，这篇文献中所指的隐喻，更接近上文提及的"情境监控机制"中论述的一种"感官体验（环境状况感知）—身体机能调动（行为应对）"的联动机制。

　　心理学家斯莱皮恩等（Slepian et al.，2011）的研究通过要求被试手持玩具压力球的方式操纵被试的软硬触感，在被试手持小球的同时要求他们对一组中性面孔的图片进行性别分类，结果发现手持硬压力球的被试会更多地把中性面孔归为男性，而手持软压力球的被试则会更多地把中性面孔归为女性。这项研究也没有通过中介分析等实证手段验证其内在机制，但在其理论探讨中，研究者认为性别分类是人类最基本的社会分类，个体进行这些分类所依据的表征（respresentation）有具体的本体经验（proprioceptive experiences）的基础，并形成了"软（或硬）—女性（或男性）特征"的隐喻式的认知。

以上提及的研究都关注触觉软硬体验对个体行为的影响，他们研究的核心自变量都是被试真实体验到的软硬触感。本书将根据设计需要，借鉴和参考他们的实验操纵方法，表 3-1 对这些触感软硬的操纵方法进行了梳理，如下：

表 3-1　　　　　　　　触觉软硬体验的操纵方法

研究	接触物体	接触身体部位	因变量测量时间	程序
克里希纳和莫林（2008）	饮料杯	手掌	触感之后	要求被试手持杯子品尝饮料
迈耶斯—利维等（2010）	地面	脚	触感同时	要求被试静止站在被试进入房间保持站立姿势
阿克曼等（2010）实验五	硬盒/软毯	手掌	触感之后	要求被试观看魔术并拿开遮盖物检查
阿克曼等（2010）实验六	椅子	躯干	触感同时	要求被试坐在面谈者对面进行谈判
斯莱皮恩等（2011）研究一	玩具压力球	手掌	触感同时	要求被试紧握球

至此，本节已对感官营销领域和具身认知领域的理论研究与实证研究文献进行了尽可能全面的回顾，重点梳理了触觉感官营销和触觉

具身效应的研究发现，并总结对具身效应的心理机制的研究探讨。在以上文献综述的基础上，下面将阐述本书的理论建构并概要介绍三个实证研究的脉络。

3.3 本书的理论建构与实证研究布局

3.3.1 现有文献的研究不足

通过上述文献回顾，可以看出现有文献存在以下不足之处：第一，触觉软硬体验被视作人类触觉的基本维度（Ackerman et al.，2010），而软硬触感具身效应在营销学和心理学文献中都还不多，有可能存在更多的具身效应值得进行更深入探索；第二，目前营销学研究关于软硬触觉的讨论，或者其自变量操纵来自产品自身的包装（Krishna and Morrin，2008），或者其因变量也是产品材质软硬的判断（Meyers – Levy et al.，2010），本书认为触觉软硬的具身效应强度不止于此，环境触觉体验也会对消费者更为抽象的某些态度或评价影响；第三，软硬触觉效应在认知层面的机制探讨还缺乏实证研究的证据，触觉软硬对消费者行为的影响究竟是通过语义隐喻、环境监控还是情绪同化，本书将提出假设并通过实验进行验证；第四，营销者在实践中可以通过购物环境等多种手段改变消费者的触觉软硬体验，本书也将向营销实践者提出消费者触觉营造的建议。

3.3.2 理论建构

在把触觉软硬体验确定为研究的前置操纵变量之后，还需要确定在哪些营销情境中展开研究。本书认为触觉软硬体验参与了消费者的认知，在消费者做出主观构建的、无法获得充足线索的态度或评价时，触觉软硬体验就有可能发挥作用。事实上，消费者遇到的大多数需要决策、判断和评价的情况都无法在信息完全的情况下精确运算得出准确结论，而触感的软硬体验与外部世界的稳定性和可塑性有关（Ackerman et al.，2010），同时营销情境中很多的重要的变化情境不是具体物质的"形变"，而是抽象意义的变化，例如原本承诺的服务质量没有达到、熟悉的品牌商标出现在了出乎意料的新品类上，或者新品牌或新技术的出现，等等。如前面所阐述，本书希望将现有的"与营销情境有关的触觉"的软硬效应拓展到"与营销情境无关的触觉"的软硬效应。因此，本书将选择近年来消费者行为关注较多的三个有关抽象意义上变化的营销情境开展研究，分别是服务失败、品牌延伸、技术营销。本书认为，消费者在环境体验到的触觉软硬将会对其服务失败容忍、品牌延伸评价和品牌技术评价产生影响，将分成三个章分别回顾这三个营销话题的有关文献并提出研究假设。本书还将对触觉软硬在认知层面上的心理机制进行实证研究。前面已经总结出关于感官具身效应的三种机制解释，那么触感软硬的具身效应的内在机制是哪一种？

第一，按照语义隐喻机制的思路，软硬触觉效应之所以出现是因为软触感激活了心软等概念，而硬触感则激活了强硬等语义概念。这一机制假设尽管未被实证验证或拒绝，但的确与现有的几项具身效应的发现相吻合，如硬触感导致对人的严厉个性的判断等（Ackerman et al.，2010）。有关轻重触觉的具身效应的有关研究则证明了身体的轻重感觉与心理的"重要"这一概念存在双向的语义激活关系（Zhang and Li，2012）。但是，本书认为触感软硬和触感轻重对身体的刺激程度是不一样的，因此软硬触感可能无法像身体负重那样直接激活软硬有关的语义概念网络。两类触感的刺激程度不同是指，重量是身体有承受极限的负担，但软硬触感没有极限值；重量触感存在自然状态的"零值"，而软硬触感没有"零值"。因此软硬这种时刻都存在的触感如果有语义激活效应，那么就说明人类心智中时刻都有软硬概念被激活，这不合情理；另外，通过手持物体新增的软硬触感也很难对身体形成足够的"负担式"刺激，也很难形成概念的激活。另外，从软硬的语义概念角度来看，即使激活了软的概念，它也很难来解释阿克曼等（2010）研究中发现的出价变化更多的效应。因此本书认为语义激活机制不能解释触觉软硬效应。前人对语义隐喻的研究为本书提供了可供借鉴的研究范式（Zhang and Li，2012），本书在研究二中使用与之相同的实验设计，排除语义隐喻机制对触觉软硬效应的解释。

第二，依据情境监控机制的解释，触觉软硬效应的发生是因为软触感（或硬触感）被试的个体监控到自己的身体处于这样的一种物理环境和状态：多变的（或不变的）、不稳定的（或稳定的）、可塑的（或不可塑的）、对受力有反馈的（或无反馈的），依据前面所述的"感官体验（环境状况感知）—内部机能调动（行为应对）"的联动机制，软触感个体开始进入适应、处理"多变的环境"和"不稳定的身体状态"的内部机能和行为应对模式。也就是说，其一，个体会把情境性的环境状况感知（如硬触感被试感知到的"此时周围的物理环境不可塑"）泛化为对外部世界的一般看法（如"外部世界是稳定的、难以改变的"）；其二，个体会监控到自己的身体状态也会泛化到对自己认知状态的监控（即元认知），例如，硬触感（或软触感）的被试会认为自己是在更加确定（或不确定）的状态下形成判断和态度的。新近有研究证明，触觉能够改变人们的元认知。例如，触觉轻重体验影响人们的元认知。研究者发现较重的身体感知让被试认为自己正处在很紧要的认知任务当中，以至于认为自己在拿较重的写有生词的木板时对生词的记忆也更好（Alban and Kelley，2013）。如果这些推论是成立的，那么实证研究者可以从两个方面开展研究，一方面探查被试在软触感（或硬触感）下是否会认为"整个外部世界更加具有可变性（或稳定性）"，社会心理学中使用内隐人格观（implicit personality theory）测度个体对他人及外部世界可变性的"一般信念（lay theory）"（王墨耘和傅小兰，2003），本书将在研究一中引入内隐人格观倾向作为验证情境监控机制解释的中介变量。另一方面探查个体关于稳定性的元认知是否有区别，态度确定性（attitude certainty）是用以测量个体对自己所做判断的肯定程度的元认知变量（Haddock et al.，1999），本书将在研究二中引入态度确定性作为验证情境监控机制的中介变量。

第三，情绪同化机制则认为，软触觉带来的正性情绪导致软硬触觉效应的发生。过往关于情绪的研究表明，正性情绪会带来更加积极正面的态度（Isen，2001），人们一般都认为软触觉更为舒适，可能会带来更多的正面情绪，进而使人们做出的评价和判断更为积极，这一理论解释认为在任何条件下只有软触觉才有可能带来积极的认知结果，如果能够找到硬触觉导致正面认知结果的情境，那么这一理论则可以被证伪。基于前面有关触觉软硬强度的论述，本书认为软硬触感不足以影响被试的情绪。并且，迈耶斯—利维等人（2010）关于触觉软硬的同化对比效应研究已经表明，触觉软硬感官的不同引发的对比效应无法用情绪同化作用来解释。因此，将在研究三通过实验证明硬触感有时会带来积极的态度和评价，由此排除情绪同化机制的解释。

综上，本书提出的触觉软硬效应的心理机制如图 3-1 所示。

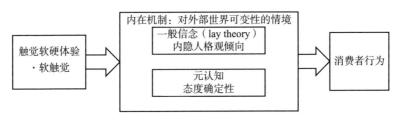

图 3-1 触觉软硬影响消费者行为的心理机制

3.3.3 实证研究布局

以上述文献综述和理论分析为基础，本书将通过三项子研究，在服务失败、品牌延伸、品牌技术评价三个营销情境中，验证触觉软硬对消费者行为的影响效应，并通过中介机制的分析验证情境监控机制的理论假设，排除语义隐喻机制和情绪同化机制两种理论解释。

本章已经完成了本研究核心自变量（触觉软硬体验）的有关文献综述，在研究一至研究三的阐述（第 3～5 章）中，将会分别对服务失败、品牌延伸和品牌技术评价有关的营销学文献进行回顾。在各章中分别提出各自的研究假设。三项子研究的具体安排如下（见表 3 - 2）：

表 3 - 2　　　　　　　　　　　本书实证研究布局

子研究	实验	目的	因变量
研究一	实验 1	主效应	服务失败容忍
	实验 2	内隐人格观（情境监控机制）的中介作用	
研究二	实验 3	主效应和感知契合度的中介作用	品牌延伸评价
	实验 4	延伸距离的调节、态度确定性的中介作用（情境监控机制）	
	实验 5	仅手部操纵的两步中介模型（情境监控机制）	
	实验 6	排除语义隐喻机制	
研究三	实验 7	主效应（知名品牌推出的新技术）和排除情绪同化机制	品牌技术评价
	实验 8	主效应（不知名品牌的技术）和排除情绪同化机制	

研究一（第 4 章），触觉软硬与服务失败容忍，包含实验 1 和实验 2。验证软触感使消费者更加容忍服务失败的主效应假设（H1）和内隐人格观的中介效应假设（H2）。

研究二（第 5 章），触觉软硬与品牌延伸评价，包含实验 3、实验 4、实验 5 和实验 6。验证软触感使消费者品牌延伸评价更高的假设（H3），调节变量延伸距离和中介变量态度确定性及感知契合度共同起作用的被调节的多步中介模型假设（H4），并排除了语义隐喻的理论解释。

研究三（第6章），触觉软硬与品牌技术评价，包含实验7和实验8。验证硬触感使消费者在有正面线索时对品牌技术评价更高的假设（H5），并排除情绪同化机制的理论解释（H5－a）。

第 4 章

研究一：触觉软硬与服务失败容忍

4.1 问题提出

服务失败（service failure）是指未能实现顾客预期或没有达到顾客期望的服务事件（Voorhees and Brady，2005；Anderson，1996；彭军锋和汪涛，2007）。服务失败始终是服务业面临的棘手问题，不可能完全避免（Grönroos，1988；Zeithaml and Bitner，2003；杜建刚和范秀成，2007a），近年来，中国服务业高速发展，而由服务失败引发的管理问题和社会问题与服务业高成长相生相伴、与日俱增。以中国航空服务业为例，飞机晚点这一服务失败呈现常态化趋势，美国权威航空数据网站 Flightstats 2022 年 6 月公布的全球主要机场准点排名数据显示，北京首都机场、上海浦东机场的准点率分别为 18.30% 和28.72%，在全球主要国际机场准点率排名中垫底。乘客对晚点表达激烈抗议的事件近年来层出不穷，美国彭博通讯社甚至创造了"空怒族"（airrage）一词用来形容遭遇晚点的愤怒乘客。其他服务行业也备受服务失败困扰，如电子商务行业中的物流环节，以及货品配送延误是导致的客户投诉和满意度下降主要原因之一。

以往关于服务失败的研究更多关注针对性补救措施的效果（如道歉或赔偿），忽视与失败事件不相关的感官体验对顾客态度的影响。模式化的针对性措施容易使顾客把服务补救识别为公式化流程进而产生抵触，研究一旨在验证改变触觉软硬体验这一非针对性的"感官营销"手段能否显著缓解顾客抱怨。

本章通过两个研究达成上述目标。实验 1 检验与事件无关的软触觉体验比硬触觉体验让消费者对服务失败事件有更加容忍的态度，实验 2 则进一步检验内隐人格观对这一影响的中介作用，即软触觉体验让消费者更加倾向于"渐变论"的内隐人格观，进而缓解了顾客抱怨。

4.2 服务失败容忍

服务业为顾客提供的是无形的体验，其核心目标是实现顾客满意，因此学者普遍认为应当从消费者的主观感受和态度展开对服务失败的研究（Halstead et al.，1996；Michel，2004；Webster and Sundaram，1998）。对顾客而言，服务失败意味着有非预期的事情发生，因此顾客对服务失败形成的态度是一系列信息加工的结果。过往研究主要从以下三个不同角度探讨消费者对服务失败的信息加工和态度形成。

（1）服务失败相关信息对顾客态度的影响。这个角度的研究文献丰富，大量研究证实服务失败的严重程度（Richins and Verhage，1985；Grønhaug and Kvitastein，1991）、服务失败的类型（Grönroos，1984；银成钺和刘金星，2012）、事件中的服务人员情绪表现（杜建刚和范秀成，2007b）、服务补救的及时性（Richins，1983）等都会对消费者态度产生影响。另外，这类研究还发现消费者在服务失败中获取外部信息的范畴并不局限于事件本身，服务企业自身的组织特征也会影响消费者的态度。很早就有研究发现服务提供方原有的声誉影响消费者不满意时的抱怨倾向（Day and Landon，1976）。而阿克等人（2004）则进一步发现服务品牌的品牌个性（brand personality）对消费者的服务失败态度有显著影响，相较严谨型品牌（sincere brand），消费者对激情型品牌（exciting brand）的服务失败更加宽容，而在服务挽救之后甚至对激情型品牌的好感比服务失败发生之前还要高，作者们认为这与顾客对不同品牌个性的服务抱有不同的期望有关，消费者对于激情型的品牌发生不可预料的事情已经抱有预期（expect the unexpected），因此服务失败的发生会给他们带来较少的失望。综上，由这个角度开展的研究所涉及的被顾客加工的信息都与服务提供方有关。毫无疑问，与服务提供方的行为能力、行为意图、行为过程、行为结果有关的信息对于消费者而言是最具诊断力的，这些信息在消费者的信息加工和态度形成中发挥了重要作用。

（2）顾客对事件本身的认知。当顾客感受到服务失败，意味着实际发生的服务低于自己对服务的期望（Grönroos，1988），因此顾客对服务质量的期望会影响其对服务失败的感知和态度。有学者认为，顾客期望有"适当服务"和"理想服务"两个水平，这两个水平之间是顾客可以接受的"容忍区域"，而低于适当服务则会让消费者感到服务失败（Zeithaml et al.，1996）。也就是说，服务期望是消费者用来和服务事实进行对比的内在标准，这一内在标准与外部获取的信息不同，但也是影响消费者服务失败态度的关键变量。由于顾客期望是包含多个维度的，发生在不同维度的服务失败会导致不同的心理加工（指消费者大脑对大脑接收的信息的认知处理过程和结果），彭军锋和汪涛（2007）发现，不同类型的服务失败会让消费者与不同的内在标准进行比较，感受到不同的自我威胁，进而产生不同的抱怨行为。另外，除了消费者预期，顾客对服务失败的原因判断也是重要的影响因素，很多学者借鉴社会心理学的归因理论，研究消费者对服务失败的归因（Kelley，1967；Weiner，1985）。学术界普遍接受福克斯（1984）关于消费者对服务失败归因的三维度划分：责任归属维度，指企业是顾客是失败发生的原因；稳定性维度，指失败发生的频率是高还是低；可控性维度，指服务失败是否属于企业可控制的范畴。实证研究大多按照这个维度划分进行研究，如有研究发现，餐饮服务中若顾客认为自己是服务失败的原因，其满意度不会受到服务失败事件的影响，但当顾客认为餐馆需要为服务失败负责时，其满意度会下降（Hocutt et al.，1997）；金立印（2006）则证实，可控性归因会影响消费者对服务补救的预期。此外，由于消费者的认知加工不可避免地受到消费者个体差异因素的影响，国外有研究发现，年龄（Laufer et al.，2005）、文化（Poon et al.，2004）等个体差异因素对服务失败态度的影响。银成钺和刘金星（2012）则发现，消费者的内隐人格观特质（implicit personality theory）调节前期服务经历好坏和服务失败严重程度对服务失败归因和满意度的影响。综合上述文献可知，从消费者认知过程切入的有关研究，将消费者服务失败态度的形成视作一个心理过程，包括与期望或内心标准进行比较、对自我威胁的感知，对失败的归因、态度的明确形成等。这些研究已经发现了一些影响因素，这些因素能够帮助管理者辨别服务失败的类型、对消费者进行细分，但此类研究未能指出管理者可以采取哪些预防性或干预性措施对消费者的心理认知过程施加影响，比如怎样扩展消费者的"容忍区域"和影响消费者的信息加工策略等。

（3）无关服务失败事件的情境信息线索影响消费者认知。这一类信息线索对服务失败的认知不具有诊断性，但却能够在消费者没有意识的情况下，影响消费者的认知加工方式，这一类研究的成果往往更加具有实践价值，因为服务失败事件的发生意味着服务进程本身已经超出了服务提供商的控制范围，管理者很难预先控制服务失败的类型、严重程度。但与服务事件不相关的情境因素却是管理者可以控制的，如果这些因素对消费者的认知加工有系统性的影响，那么这类研究就能够给管理者提供具体的措施建议，对服务失败的顾客认知过程施加影响。目前，在服务失败研究领域仅有很少的文献从这个角度展开探讨。如有学者发现服务场景中的镜子会对服务失败中的消费者态度产生影响，在实验室和真实购物环境的现场实验都证明，镜子能够提高消费者的自我知觉（self-awareness），而根据客观自我知觉理论（objective self-awareness theory），这让消费者更加确信自己对服务失败的归因，进而放大归因对态度的影响，即在有镜子存在的场景中，将服务失败归因于自己的消费者对服务失败更加容忍而对服务更加满意，归因于企业的消费者则对服务失败更加严厉并对服务更加不满意（Pham et al. 2010）。在此项研究中，被试并未意识到自己的态度与镜子有关系。由此可见，尽管无关的情境因素（如镜子）并不能改变服务失败给消费者造成的事实影响，但却能够改变消费者加工服务失败相关信息的方式，进而影响了消费者的态度。

由以上文献回顾可知，消费者对服务失败的态度是在广泛获取信息和加工信息的认知基础上形成的，消费者对信息的认知方式影响其态度。此外，无关事件的情境信息对顾客态度存在影响，但深入探讨这类影响的研究还非常有限，消费者的五种感官是获取情境信息的主要途径，因此感官营销手段在服务失败中对消费者态度的影响值得进一步研究。

4.3 研 究 假 设

如前面所述，在服务失败的情境中，消费者需要经过与内心的服务预期进行对照、对事件归因等认知过程才会对服务失败形成态度。与此同时，消费者的触觉感官也会从外部的物理世界中获取信息。这些信息将被消费者作为一种"隐喻性的知识"（metaphorical knowl-edge）进行认知加工，并且消费者会立即将这些知识运用于自己正在形成的判断中（Ackerman et al.，2010）。根据前面对具身认知理论的论述，触觉是消费者通过感官运动系统对外部环境进行监控的重要手段（Alban and Kelley，2013），软硬体验的不同意味着消费者获得的有关外部物理环境的实时反馈是不同的。软触觉体验对个体而言意味着外部的物理环境是变化的、可塑的、给人的反馈也是温和的；而硬触觉体验则意味着外部的物理环境是难以改变的、不可塑的、给人的反馈是强硬的。服务失败事件意味着与期望的不一致，对顾客而言是一种负面的、不利的变化，而柔软的触感给消费者的反馈意味着外部环境的变化是一种日常状态，这能够使消费者对变化的接纳程度更高，并拓宽对服务结果的"容忍区域"（Zeithaml et al.，1996）；而硬触感则意味着外部环境是稳定和少变化的，服务失败这种变化的出现将会使硬触感的消费者认为这是一种更大的、更不符合常态的变化，因此对服务失败的容忍会更低。当这样的一些隐喻性的知识被消费者无意识地应用于对服务失败情境的认知加工和态度形成时，结果将会是，柔软的触感让消费者对服务失败持有更加容忍的态度，而坚硬的触觉体验则使消费者更加严厉。由此推导出本研究的H1。

H1：与坚硬触觉体验的消费者相比，柔软触觉体验的消费者对服务失败事件的态度更加容忍。

进一步探讨这一效应的心理机制。本章已经论证了触觉体验影响消费者的服务失败态度的假设，但仍然没有就这一效应的内在心理机制提出可实证的假设，即：如果触觉软硬体验能够改变消费者对信息的认知加工过程进而影响消费者态度，那么触感软硬究竟是以何种方式影响消费者的认知加工？是影响了对信息的注意、提取，还是影响了信息的整合方式或者策略？对这一问题的探讨不仅具有理论意义，更重要的是如果我们理解了触感软硬影响消费者认知的机制，那么就可以进一步拓展顾客触觉感官营销的适用范围，不仅仅应用于服务失败的应对，也可以应用于需要这一心理过程发生的更多营销情境。

在具身认知关于触觉影响态度的文献中，较少有文献探讨这些效应的中介机制。研究者在探讨轻重触感对态度的影响时，提出的语义联想启动机制（物理的"重"语义启动了心理上"重要"概念）并不适用于软硬触感的研究（Zhang and Li, 2012）。因为如果物理的"软"和"硬"启动了"心软"和"强硬"这样的概念，那么就不会出现前面所引述"柔软包装饮料得到较低评价"（Krishna and Morrin, 2008）和"同样站在柔软地毯上的消费者给出完全相反的产品评价"（Meyers–Levy et al., 2010）这些结果。

本书尝试从软硬触感因情境监控机制而影响个体对外部世界的一般看法这个角度进行探索，如果人们从柔软的触感中所获得的信息是"外部世界是变化的"，这一被感官运动系统监控到的物理情境特征有可能会泛化并即时影响消费者对外部世界可塑性的基本认知。社会心理学中将内隐人格观（implicit personality theories）作为个体对人的"可变化性"的认知图式，主要沿"实体论—渐变论"维度展开研究（王墨耘和傅小兰，2003）。有学者在这一维度上将内隐人格观分为两种，一种认为人具有固定不变、难以塑造的特性，即实体论；另一种认为人是不断改变、易于塑造的，即渐变论（Dweck et al.，1995）。

有许多研究将内隐人格观作为一种稳定的个体特质或个体差异，认为实体论者（entity theorist）和渐变论者（incremental theorist）在信息加工和社会判断上有稳定的差异（Levy et al.，1999），如实体论者倾向于做出快速和极端的判断，而渐变论者则倾向于做出暂时和温和的判断。营销领域的研究表明，实体论者的原产国刻板印象更加难以逆转（江红艳等，2013）；实体论者更倾向于与依据整体的和之前的服务体验来形成对服务失败的判断（银成钺和刘金星，2012）。

内隐人格观是指个体对"人"的基本属性的判断，但内隐人格观可以反映个体更为一般性的世界观。王墨耘和傅小兰（2003）认为实体论主要把握人的静态特质且与静态世界观相类似，而渐变论则与动态世界观相类似。这一观点在营销管理领域的实证研究中得到了证实，消费者会把对人的"可变性"判断移植到对品牌的判断上，渐变论者相较实体论者更加认为品牌是可以变化的和可以塑造的，因此更加接受远距离的品牌延伸（Yorkston et al.，2010）。

尽管许多文献将内隐人格观作为个体较为稳定的思维特征，但仍有许多研究表明，"内隐人格观"也是一种依据状态不断改变和调整的思维图式，渐变论或实体论的倾向有可能被情境因素即时改变。研究发现暂时操纵被试的实体论倾向或渐变论倾向会显著影响其认知和社会判断（Levy and Dweck，1998；Chiu et al.，1997）。而在营销领域的研究中，也有研究通过实验材料启动的方式操纵被试的内隐人格观倾向（Yorkston et al.，2010）。

个体对于外部世界动态和静态特性的认识来自经验（Levy and Dweck，1998），由他人和物理世界组成的外部环境给予个体长期的或烙印式的反馈信息，将个体塑造成为实体论者或者渐变论者。但这一塑造过程并未停止，个体仍然在不断获取外部环境的信息修正自己对世界可变特性的认识。而柔软的触感意味着个体感受到的外部世界是更为可变的，接触的物体对人的动作有更为敏感的反馈，同时其形状的可以被触摸者塑造；而坚硬触摸者与其相反，感受到的是不会变化的、对动作无反馈、无法塑形的外部环境。因此，当个体将环境触感获取的信息纳入其对外部世界可塑性的判断时，其内隐人格观倾向将会因触觉体验而调整。柔软触感让个体更加倾向于渐变论，反之亦然。

进而，如前面所述，前人研究已经为内隐人格观倾向对个体态度的影响提供了充分的证据。从服务期望角度进行分析，服务失败是原本确定的服务内容发生了消费者不希望看到的变化，消费者对外部世界可变性的预期将会扩展其容忍区域，影响其对服务失败的态度。那些渐变论倾向的消费者，会对这些变化有更充分的心理准备（Aaker et al.，2004），因而对服务失败的态度会更倾向于容忍和温和。那些实体论倾向的消费者对变化的心理准备更少，因此对服务失败将抱有更加负面的态度，由此推导出 H2。

H2：触觉软硬体验影响消费者对服务失败态度的效应，受到消费者内隐人格观倾向的中介。即：与硬触觉体验相比，软触觉体验将使消费者更倾向于持有"渐变论"的内隐人格观，进而使消费者对服务失败事件有更加容忍的态度。

4.4　实验1：触觉软硬体验影响服务失败容忍

实验1的目的是考察触觉软硬体验对服务失败容忍的影响，即验证 H1。

4. 4. 1 实验设计

实验 1 采用单因素 3 水平被试间实验设计。自变量为触觉软硬体验（软触感 vs. 硬触感 vs. 控制组），因变量为消费者对服务失败事件的容忍度。64 名大学生被试（年龄介于 19～25 岁之间，其中男性 9 人）参与了实验 1。

4. 4. 2 变量操纵与刺激材料

第一部分产品调查的目的是为了在被试不知情的情况操纵其触觉软硬体验，实验 1 计划要求被试对一组软触感产品或一组硬触感产品进行评价，因此首先在与正式实验同一所大学的大学生被试中进行前测，目的是选定触感软硬差异明显、其他属性差别不大的产品。各一组共发放 30 份有效问卷。若干功能相同、产品名称相近但软硬有极大差别的配对产品，如软的玩具熊猫（布料材质）和硬的玩具熊猫（陶瓷材质）被分为软硬两组，每组产品分别由 15 名被试分别进行评价。被试对产品的质量、外观、触感软硬分别以 7 点语义差别量表进行打分（质量：1 = 非常差，7 = 非常好；外观：1 = 非常丑，7 = 非常美；质地：1 = 非常软，7 = 非常硬）。对两组数据进行独立样本 T 检验，最终选择了四组产品（见附录），它们在质量和外观上都没有显著差异（各组：0.178 ≤ p ≤ 1.000），仅在软硬触感上差异显著（各组：p ≤ 0.002）。这四组产品用于正式研究的自变量操纵，分别是软硬桌垫、软硬笔袋（盒）、软硬糖果、软硬玩具熊猫。

服务失败情境的刺激材料采用服务失败研究中普遍采用的情境模拟实验法。酒店、出行或餐饮服务中的预订失败是服务失败研究中经常使用的模拟场景，用于研究的实验材料根据某酒店预订网站的消费者评价进行改写，并请一位旅游管理专业的博士研究生进行了审订和修改。情境描述的内容是："张先生是一家公司的经理，经常到世界各地出差，常住酒店。有一次，张先生被公司派往某地与一位重要客户会面。经过长时间飞行，张先生到达酒店时已经是当地时间凌晨 2 点了。在办理入住时，酒店前台人员告诉张先生，不知什么原因张先生的预订信息没有被正确输入系统，以致酒店没有保留房间。张先生告诉酒店工作人员，自己在 9 点钟要与客户会面，需要尽快入住休息。酒店在凌晨 3 点安排张先生到附近一家同集团的连锁酒店临时入住。"问卷要求被试想象自己也遇到同样的服务失败情境，随后以问卷形式测量被试对服务失败的容忍态度。

4.4.3　实验流程与变量测量

除了控制组的被试之外，其他被试被告知需要参加由两个互不相关的市场调查。第一部分是受一家公司委托进行的产品调查，真实目的是操纵被试的软硬触感；第二部分是一个关于服务体验的学术调查，测量被试的服务失败容忍。控制组的被试仅接受了第二部分的调查内容。

被试在一所大学的教室进行。每名被试单独进入教室，首先被引导到一个放有产品实物的展示台前，有四个桌面立牌显示出四款产品的名称。引导语向被试说明"一个公司希望了解消费者对这些产品的评价，请他们尽可能仔细查看和感受桌面上的四款产品，在充分了解这些产品之后填写一份产品评价问卷"。软（硬）触感组的被试只评价四款软（硬）材质产品。实验过程中，所有被试都在几分钟的时间内充分用手触摸、翻查了产品，其后完成了一份"产品调查"问卷，其中包含操纵检验的测量。接下来，被试到教室的另一位置完成第二部分"服务体验调查"问卷，最后，被试领取了 5 元或价值相当的小纪念品。

其中，服务失败容忍使用 4 个测项的语义差别量表进行测量，包括："你觉得上述服务失败事件的严重性程度是"（1 = 一点都不严重；10 = 非常严重）、"你认为此次酒店的负面行为是"（1 = 完全不可以原谅的；7 = 完全可以原谅的）、"你是否会向他人诉说此次的负面遭遇"（1 = 完全不会；7 = 完全会）、"你愿意继续跟该酒店有交往吗"（1 = 完全不想继续交往；7 = 完全愿意继续交往）。

4.4.4　统计分析

（1）操纵检验

被试对软硬触感的感知测量在第一部分"产品调查"的"质地"评价测项中（1 = 很柔软；7 = 很坚硬），对四款产品软硬感知测项的信度分析表明，同组被试对触摸的四款产品的软硬触感评价有很高的一致性（$\alpha = 0.916$），因此用均值来表示该被试在实验操纵部分所体验到的整体软硬触感，独立样本 T 检验表明两组之间存在显著的差异（$M_软 = 2.85$，$M_硬 = 5.66$，$t = -9.280$，$df = 41$，$p < 0.0005$），软硬触感的操纵是成功的。

（2）方差分析

软硬触感对消费者服务失败态度的影响。信度分析表明因变量测量的四个测项具有较好的信度（$\alpha = 0.742$），因此将数据量纲一致化后的四测项平均值作为被试对实验材料中服务失败态度的测量指标，其数值由小（1）到大（7）意味着被试对服务失败的态度由非常严厉到非常容忍。结果显示（见图 4-1），软触感组、硬触感组、控制组之间对服务失败的态度存在显著差异（$M_软 = 3.36$，$M_硬 = 2.47$，$M_控 = 2.88$，F（2，61）$= 5.903$，$p = 0.005$）。软触感的被试对服务失败态度最为容忍，坚硬触感物体的被试态度最为严厉，而控制组介于两者之间。同时，有计划的比较显示，与硬触感组的被试相比，软触感组的被试对服务失败的态度明显更加容忍（$M_软 = 3.36$，$M_硬 = 2.47$，$t = 3.402$，$df = 61$，$p = 0.001$），因此 H1 得到验证。

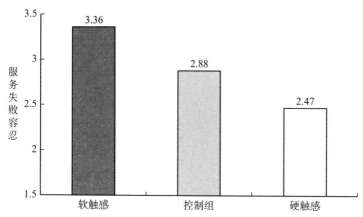

图 4-1 实验 1：软硬不同触感条件下及控制组的服务失败容忍

注：图中纵轴表示量表测量值的均值。

进一步对软硬触感组分别与无触感的控制组进行有计划的比较，能够揭示两种触感分别对因变量影响的强度。结果表明，软触感组的被试比控制组的被试显著地更加容忍服务失败事件（$M_软 = 3.36$，$M_控 = 2.88$，$t = 2.026$，$df = 61$，$p = 0.047$）。另外，尽管均值比较显示硬触感组比控制组有更严厉的趋势，但差异并未达到显著水平（$M_硬 = 2.47$，$M_控 = 2.88$，$t = 1.372$，$df = 61$，$p = 0.175$）。这个结果意味着软触感比硬触感的影响效应更大。

4.4.5 讨论

实验 1 发现，在消费者接触到服务失败信息时，身体感官体验到的无关软硬触感对其态度产生了影响，触摸柔软产品的被试对服务失败比触摸坚硬产品的被试更加容忍，H1 得到验证。同时，实验 1 发现软触感对服务失败的态度影响效应比硬触感大，这表明服务管理者更有机会通过"软化"顾客的触觉体验这一感官营销手段缓解顾客抱怨，服务管理者在服务失败中在关注针对性的补救措施的同时，还应当关注看似无关的消费者触觉感官体验，而在一些服务失败频繁发生的场合，管理者更应当营造软触感的物理环境，对消费者态度进行

预防性干预，这一发现的实践和理论意义将会在后面4.6节"研究
一的结论与讨论"部分做更深入的论述。

为了更有效地验证触觉软硬体验对服务失败态度的影响并明确其
心理机制，实验2采用了更严格的触感操纵方法，即被试的男女比例
更为均衡、服务失败的情境选择了权威期刊中曾经使用过的刺激材
料、把情绪作为控制变量排除了触感对情绪的影响。同时，实验2也
将纳入中介分析，同时验证H1和H2。

4.5　实验2：内隐人格观的中介作用

实验2的目的是验证H2，探讨软触感是否会比硬触感让消费者
更加倾向于"渐变论"的内隐人格观，进而让其对服务失败抱有更
加容忍的态度。同时，实验2也通过操纵方式、刺激材料的调整和控
制变量的增加在更严格的条件下进一步验证H1。

4.5.1　预实验

预实验的目的之一是验证新操纵方法的有效性，并排除触感操纵
对情绪影响的可能性，另一目的也初步验证H2提出的中介机制的前
半部分——触觉体验对内隐人格观倾向的影响。

预实验有54名大学生被试参加（其中男性26人），年龄在20~
25岁之间。因为2名被试猜中了触感物体与目标问卷之间的关联、3
名被试未能一直手持软硬操纵的实验材料，他们的数据被删除，因此
共有49个有效被试。借鉴以前的研究对软硬触感的操纵方法，研究
者借口要求被试在填写问卷过程中一直手持一个黑色正方体小物品
（见附录）（Slepian et al.，2011）。硬触感组拿到的是一个用黑色布
料密封包裹的硬玩具魔方；而软触感组拿到的是同样外包装、同样大
小的方块，但其填充物是软海绵。因此，实验2所采用的是两个同样

不具备产品特征（用途、商标等）、同样大小、同样形状、同样的表面触感的物体，但手持这两个物体将感受到完全不同触觉软硬体验。引导语告知被试问卷希望了解手持物体的时间与对该物体重量感知的关系，所以需要他们手拿物体保持一段时间后填写一份关于物体评价的问卷，这一做法用以掩蔽真实的实验目的。另外，为了增强触觉软硬体验的操纵强度，软硬两组被试使用的座椅也是完全不同的：软触感被试坐在带有软垫的皮质座椅上，而硬触感的被试则坐在硬塑料座椅上。在手持物体这段时间中被试会被要求先填写另一份"无关"的调查问卷，这份问卷包含内隐人格观和控制变量情绪的测量。即问卷包括两个部分，第一部分包含情绪量表和内隐人格观量表，第二部分是"接触时间与物体重量感知调查"问卷。

第一部分使用的内隐人格观倾向量表改编、翻译自前人编制的6点内隐人格观量表。原量表有八个测项组成（Levy and Dweck，1998）。本书选取了其中六个（包含三个反向测项），要求被试对每句话的同意程度在6点里克特量表上打分（1 = 非常不同意；6 = 非常同意）。这六个语句分别是："1. 虽然做每件事情的方式不同，但每个人身上最重要的部分是难以改变的""2. 人们可以从根本上改变自己""3. 每个人身上最基本的东西不会有很多改变""4. 无论任何人都可以改变自己的基本特质""5. 每个人都是特定类型的，没什么能真正使人们发生改变""6. 人们甚至可以改变最基本的素质"。正式实验中，对内隐人格观倾向的测量采用了同样的量表。情绪测量采用经典的 PANAS 正负情绪量表（Tellegen et al.，1988），从中选择了3 个正性情绪词（坚定的、热情的、活跃的）和 3 个负性情绪词（急躁的、痛苦的、紧张的），使用 5 点里克特量表（1 = 几乎没有；3 = 中度；5 = 非常多）测量被试在参与实验过程中的情绪状态。第二部分"接触时间与重量感知调查"问卷，包括一项要求对手中物品的柔软程度进行打分的问项，作为操纵检验的测量。问卷最后要求被试猜测研究目的。

预实验的统计结果说明软硬触感的操纵是成功的。被试对软硬触觉的感知测量（1 = 很柔软；7 = 很坚硬）的独立样本 T 检验表明，两组对手持物体的软硬程度存在显著的差异（$M_{软} = 2.63$，$M_{硬} = 4.88$，$t = -7.026$，$df = 47$，$p < 0.0005$），软硬触感的操纵是成功的。结果还显示，触感对情绪不存在显著影响，分别用正性情绪的平均值（$\alpha = 0.768$）和负性情绪的平均值（$\alpha = 0.732$）进行独立样本 T 检验，软硬触感两组的正负性情绪都没有显著差异（正性情绪：$M_{软} = 2.78$，$M_{硬} = 3.00$，$t = -0.895$，$df = 47$，$p = 0.360$；负性情绪：$M_{软} = 1.32$，$M_{硬} = 1.32$，$t = -0.004$，$df = 47$，$p = 0.705$）。

预实验的统计结果验证了软硬触感对被试内隐人格观倾向的影响，将内隐人格观转码后的六测项平均值（$\alpha = 0.700$）作为被试内隐人格观倾向的测量指标，其数值越小意味着被试越倾向于持有"实体论"的内隐人格观，数值越大表明被试越倾向于持有"渐变论"的内隐人格观。T 检验显示，两组之间在内隐人格观倾向上存在显著差异（$t = 2.045$，$df = 47$，$p < 0.05$），与硬触感组相比，软触感被试更加倾向于持有"渐变论"的内隐人格观（$M_{软} = 3.34 > M_{硬} = 2.91$）。预实验初步检验了触感软硬体验对内隐人格观倾向的影响，为正式研究的中介分析提供了数据支持。

4.5.2　实验设计

实验 2 采用单因素 2 水平被试间实验设计。自变量为触觉软硬体验（软触感 vs. 硬触感），因变量为消费者对服务失败事件的容忍度。54 名大学生被试（年龄介于 19 ~ 25 岁之间，其中男性 25 人）参与了实验 2。其中 3 人未能完成实验操纵，1 人猜中了实验的真实目的，他们的数据被删除，因此共有 50 名有效被试。

4.5.3　变量操纵与刺激材料

正式实验中所使用的触觉软硬体验的操纵方法与预实验中完全相

同，即通过手持物体和座椅两种方式同时操纵。采用的服务失败刺激材料改编和翻译自 2010 年《*Journal of Marketing Research*》的一篇文献中使用的情境（Pham et al.，2010）。该研究表明，这一情境能够有效地让被试感受到服务的失败，可以用来较好地来测量被试对服务失败事件的态度。具体如下："你到一家电器商店买空调，看到一款空调打折促销，折扣幅度大，决定购买后发现自己没带钱包，于是你对一个店员说，你回去取钱很快回来。你在回去的路上遇到了熟人，和他聊了一会儿天。当你回到电器商店的时候，发现最后一台你想购买的那款空调已经被卖掉了。你找到店员询问，店员表示因为没有等到你回来，而又有其他客人要买，于是只好卖给别人了。你向商店投诉，商店与你协商说，原先那款的确已经售完，只能在其他款空调产品上提供一些小幅度优惠，建议你重新选择其他款空调。"

4.5.4　实验流程与变量测量

正式研究的过程与预实验相似，两间临近的、分别为 10 平方米左右的实验室分别被布置为硬触感和软触感环境，各容纳 2 名被试。被试被随机分配到两间实验室，进入后即被要求手持物体开始回答问卷，直到回答结束才能放下物体，问卷分为三部分，第一部分是情绪和内隐人格观测量，第二部分是服务失败情境模拟和态度测量，第三部分是掩蔽真实目的且包含操纵检验的"接触时间与物体评价测量"。问卷的最后是要求被试报告人口统计情况并猜测研究目的。实验结束后，被试领取了价值约 5 元的小纪念品。

用于测量服务失败容忍的量表与实验 1 类似，被试被要求对五个9 点测项做出回答，其中四个测项与实验 1 所使用的内容相同，增加的一个测项是："你会再次光顾这家商店吗？（1 = 完全不会，9 = 完全会）"。

4.5.5 统计分析

（1）操纵检验

被试软硬触感的操纵是成功的。独立样本 T 检验表明，两组之间对手持物体的软硬程度存在显著的差异（$M_软 = 2.96$，$M_硬 = 5.36$，$t = -6.464$，$df = 48$，$p < 0.0005$）。

（2）方差分析

独立样本 T 检验表明软硬触感对消费者对服务失败态度的主效应显著。因变量为被试对服务失败事件的态度，通过 5 个 9 点量表测项进行测量。在对两个反向测项进行转码处理后，用五个测项的平均值（$\alpha = 0.761$）作为被试对实验材料中服务失败态度的评价指标，其数值从小到大（从 1 到 9）意味着被试的态度从最严厉到最容忍。独立样本 T 检验分析结果显示（见图 4 - 2），软触感组、硬触感组之间对服务失败的态度存在显著差异（$M_软 = 4.75$，$M_硬 = 3.62$，$t = 3.478$，$df = 48$，$p = 0.001$）。软触感组比硬触感组的被试对服务失败的态度明显更加容忍，再次验证了 H1。

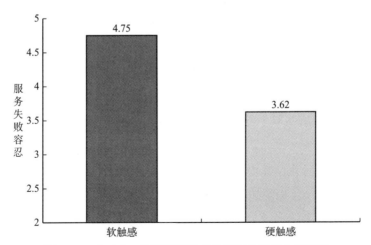

图 4 - 2　实验 2：软硬不同触感条件下的服务失败容忍

（3）中介分析

内隐人格观倾向的中介效应显著。首先，将中介变量内隐人格观倾向的信度分析表明因变量内隐人格观倾向测量的 6 个测项转码后取均值（$\alpha = 0.772$）作为测量指标，其数值由小到大（从 1～6）意味着从"实体论"到"渐变论"的内隐人格观倾向变化。近年来，学术界对传统的逐步回归法（Baron and Kenny，1986）进行中介分析提出越来越多的批评（Zhao et al.，2010），尤其对样本量较小的实验法进行中介分析时，其统计效力受到更多质疑（方杰等，2012）。因此，本书使用学术界近年来更认可的 Bootstrapping 法进行中介分析，这种方法能够清晰地显示中介效应的置信区间（Preacher and Hayes，2004；Preacher and Hayes，2008），同时逐步回归法的结果也展示在图 4 - 3 中作为参考。

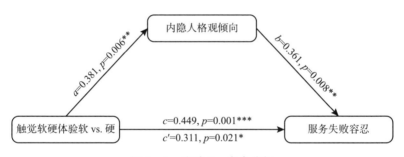

图 4 - 3　实验 2：中介分析

注：* 表示 0.01 < p < 0.05，** 表示 0.005 < p < 0.01，表示 *** p < 0.005。

本书按照前人研究的方法，采用有偏差校正的 Bootstrapping 法检验内隐人格观倾向的中介作用（Preacher and Hayes，2004）。在 99% 的置信区条件下，对样本数据进行 5000 次抽样，检验结果中介效应指标区间不包含 0 点且为正值（0.0143、1.059），因此在 0.01 的显著水平下内隐人格观倾向在软硬触感对消费者服务失败态度的影响效应中起到了显著的正向中介作用。即软触感使得被试比硬触感持有更加"渐变论"的内隐人格观倾向,而渐变论的内隐人格观倾向进一步使得被试对服务失败抱有更加容忍的态度。因此,H2 得到了验证。

实验 2 使用不同的软硬触感操纵重复了实验 1 的结果,表明与服务失败事件无关的软触感体验使被试的态度更加容忍。实验 2 进一步引入内隐人格观倾向作为中介变量解释这一效应的发生,结果表明,柔软触感增加了被试的"渐变论"内隐人格观倾向,进而提高了消费者的容忍态度。同时,实验 2 的预实验和正式实验都发现软硬触感对被试情绪没有影响,这一结果排除了情绪作为中介机制的可能性。

4.6 研究一结论与讨论

研究一发现,触觉软硬体验影响消费者对服务失败的容忍,软触感(或硬触感)的消费者对服务失败的容忍度更高(实验 1 和实验 2);而这一效应被消费者的内隐人格观倾向中介,软触感(硬触感)使消费者更倾向于渐变论(实体论)的内隐人格观(实验 2)。

从理论角度看,研究一的结果丰富了具身认知中介机制的研究,为情境监控机制的理论假设提供了证据。前人关于具身认知领域的研究发现了触感影响社会判断的效应(Zhang and Li,2012;Ackerman et al.,2010),这些发现揭示触感影响人们对具体事件的态度(如:对面试者、对简历中的人或者对一次谈判),但对这些效应出现的机制进行实证验证的研究较少,本书提出触觉感官体验是个体进行情境监控的主要手段,而个体对物理情境的监控会泛化影响对外部世界的更一般的信念(如,内隐人格观),近期有研究发现在灯光亮度会影响个体对未来经济前景的看法(Dong et al.,2015)。而实验 2 则发现了触觉软硬体验影响个体关于外部世界可变性的一般看法,柔软触感让人更倾向于渐变论而坚硬触感让人更实体论,这表明个体触感所获取感觉刺激不仅仅只是加入具体情境和事件的判断,这些感觉经由感官运动系统对外部情境的监控，无意识地被应用于更一般的认知图式和基本信念中，并且依据自己对情境的监控进行调整。例如，当人们感受到的即时触感是可塑的，会进而认为外部世界是更可变的；当人们感受到的触感体验是外物难以改变，这些触感信息就被应用为"因为我此刻所获取的信息表明外部物体是无法改变的，所以我有更充分的理由认为世界是不可塑造的"。具身认知理论的核心观点之一是身体是参与和影响认知过程的（Briñol and Petty，2008），而本书为这一观点提供了更为深入的实证依据，触摸柔软或坚硬物体这一细微而暂时的触觉体验能够对个体一般认知图式产生影响。现有文献对具身认知效应的解释，主要是"具体—概念抽象—具体"的路径（叶浩生，2010），即具体的身体感知透过隐喻而抽象概括为概念，概念激发的联想进而影响具体的判断（Zhang and Li，2012；彭凯平和喻丰，2012）。研究一的结论则表明，身体的触觉感知也可以因个体对情境的监控状况形成暂时的信念，如"此刻外部世界是更可塑造的"，而这一暂时的信念会被应用于具体的认知判断中，这种"具体——一般信念—具体"的解释丰富了具身认知理论的文献。

从营销实践角度看，服务失败发生时，管理者在积极应对、采取针对性的服务补救措施之外，还应该重视触觉感官营销手段对顾客抱怨的缓解，因为顾客的即时触感所获取的信息能够对消费者认知服务失败事件的方式产生显著的影响，柔软的触感体验让消费者对不符合预期的变化有更高的接受程度，并对服务失败有更容忍的态度。这是服务企业在服务失败应对中实施"感官营销"的重要价值所在。一直以来，服务企业在努力提升服务质量的同时也意识到服务失败的不可消除，因此都将系统性的服务补救措施作为应对服务失败的法宝，这些补救措施包括确认、解释、道歉、恢复、补偿、赔偿等（杜建刚，2010）。而服务企业会根据自身的服务内容特点，应不同的服务失败类型、不同的严重程度或者不同的顾客反应，制定服务失败的应对方案。这些应对思路都隐含着一个前提，即消费者面对服务失败形成态度的认知方式是稳定的、不可调适的，它们假定当顾客遭遇不符合预期的服务时，必然会首先形成凸显的负面认知，补救措施本质上是为了抵消负面认知而提供新的相关正面信息，以期改变消费者的最终态度、挽回消费者的满意。基于这个前提，服务挽救更多关注的是与服务失败事件密切相关的信息对消费者态度的影响。但是，实验2却对这个前提提出挑战，结果表明消费者对服务失败信息的认知方式是可以改变的，与失败事件无关的触觉感官体验所获得的信息，能够改变消费者的内隐人格观倾向，让消费者对低于预期的服务结果有更高的容忍。本书提出，管理者应当在服务失败中实施"触觉体验管理"，因为消费者在服务场景中不可避免地通过触觉获取与服务失败无关的感知，而消费者在形成态度时，正处在一个广泛搜集信息的状态，感官体验获取的信息将对其产生影响。本书首先从触觉的角度探明，柔软的触感体验对服务补救更加有利。因而在服务失败发生时，商家在与顾客进行沟通时应尽可能提供营造柔软的触觉环境（如，足够柔软的座椅或沙发、用于安抚的餐饮包装和食物本身应尽可能柔软等）。这里提出的感官营销手段与传统的服务挽救措施应当并行不悖，顾客感官体验的优化并不能替代正常的服务补救措施，但能够让服务补救获得更好的效果。

在第4章的基础上，第5章，即本书的研究二将进一步探究触觉软硬体验对消费者行为的影响及其机制。第5章将在一个新的营销情境中展开讨论——品牌延伸。

第 5 章

研究二：触觉软硬与品牌延伸评价

5.1 问 题 提 出

品牌延伸（brand extension）是指企业在营销中使用已经存在的品牌名称推出新产品的做法（Aaker and Keller, 1990）。品牌延伸一直是企业向市场推出新产品的主要方式（Keller, 2007），例如摩托车品牌哈雷戴维森推出服饰产品、英国玛莎百货推出银行服务、咖啡连锁品牌星巴克推出月饼和茶叶、中药品牌念慈庵推出包装饮料产品等。品牌管理者普遍认为，新产品使用消费者熟悉的品牌，可以利用原有品牌与消费者已经建立的关系，降低消费者的风险感知，增加消费者尝试新产品的可能，而且这样做的推广成本也比新创一个品牌要低（Broniarczyk and Alba, 1994）。但是市场上品牌延伸成功的例子不多，有调查表明快速消费品行业中有半数以上的品牌延伸都以失败告终（Völckner and Sattler, 2006）。因此，研究者一直非常关注如何使品牌延伸获得成功，让更多的消费者接受并选择品牌延伸产品。

过往研究表明，消费者对延伸产品和原品牌是否契合的主观感知，对其评价和选择品牌延伸产品起到关键作用。大量实证研究表明，感知契合度（perceived fit）高的消费者对品牌延伸的评价会更积极，也会更愿意尝试和购买（Aaker and Keller, 1990；Boush and Loken, 1991；Loken and John, 1993；Monga and John, 2007；Monga and Gürhan – Canli, 2012；Mathur et al., 2012）。过往研究发现，与品牌自身有关的因素（Loken and John, 1993；Sood and Keller, 2012）以及消费者的自身特征（Ahluwalia, 2008；Kim and John, 2008）都可能影响对品牌延伸的感知契合度。

然而，消费者看到了陌生的产品冠以其熟悉的名字出现在广告、社交媒体、商场或产品包装时，他/她对于这种组合是否合适的判断和评价是即时产生的一种主观感受，而消费者的主观感受会受到许多情境性因素的影响（Steinhart et al.，2014），尤其是对不熟悉的评价对象（Sethi，2000）。近年来，一些研究已经开始关注情境因素对品牌延伸评价以及消费者感知契合度的影响（Meyvis et al.，2012；Monga and Gürhan - Canli，2012；Cutright et al.，2013），但还没有研究探讨消费者从物理环境中获得的触觉体验的不同是否会影响其契合度感知和对品牌延伸的评价。

在品牌延伸类的新产品推广中，营销人员有很多机会可以改变消费者即时的触感体验，例如，零售店面中新产品推介区域的座椅、地毯等环境；推广新产品所用的赠品的触感；品牌延伸产品的包装等。如果触觉体验对消费者品牌延伸评价有影响，那么营销人员就多了一类感官营销手段提高品牌延伸的成功可能性。本书关注触觉软硬体验对消费者行为学的影响，在研究一关于服务失败情境的讨论之后，研究二将探讨触觉软硬体验对品牌延伸评价的影响。

5.2　品牌延伸评价与感知契合度

品牌延伸，指的是将消费者原本了解的一个品牌名称放在它不曾供应过的另一类产品上，并向市场推出。消费者面对这样的商品时，虽原本与品牌有关的联想和知识对他/她做出购买决策有一些帮助，但这些帮助却不充足，处于知识匮乏状态下的消费者进行品牌延伸评价时，更多依赖的是个人对新产品与原品牌的适合程度的主观感受，研究者用感知契合度（perceived fit）这个概念来表示这种主观感受（Aaker and Keller，1990）。大量研究表明，消费者感知到的契合度与其对品牌延伸的评价有密不可分的正向关系（Aaker and Keller，1990；Monga and John，2007；Ahluwalia，2008；Monga and John，2010；Mathur et al.，2012），即消费者觉得原品牌和新产品之间越合适，对品牌延伸的评价就越高。

自阿克和凯勒两位学者于 1990 年开启了消费者行为学对品牌延伸评价的实证研究以来（Aaker and Keller，1990），对这一问题的探讨可以大致分为三个方向：一是文献更多探讨的是企业自身对品牌延伸的设定和策略安排对品牌延伸评价的影响，这是从 1990～2006 年期间该领域的主流研究取向；二是研究者更多地将关注点放在消费者的个体差异因素的影响上，这类研究主导了 2006～2012 年期间对品牌延伸话题的探讨；三是研究的关注点逐步开始转向暂时的或情境性的因素对品牌延伸评价的效应，这是从 2012 年开始出现的新的研究焦点。

5.2.1　企业自身因素

在企业自身因素这个研究方向上，阿克和凯勒（1990）首先发现消费者原品牌感知质量越高以及感知契合度越高，则品牌延伸评价越高；消费者精细加工延伸产品的具体属性时，评价更高；但如果消费者更多回想到原品牌的积极联想，则反而评价降低。有研究将延伸品类的典型性（typicality）纳入品牌延伸的研究范畴（Boush and Loken，1991），品牌延伸的典型性是指延伸品类与品牌原本的产品品类之间的相似程度，该研究发现与品牌生产的原本品类相比，延伸品类如果典型性非常低则品牌延伸评价也会低，与原品类中度不一致的品牌延伸得到较高评价。洛肯和约翰（1993）发现，典型性低的品牌延伸不仅无法得到较高的评价，甚至会降低消费者对原有正面信念，发生品牌稀释（brand dilution）。这些研究普遍认为，原品牌的能力高低和品牌延伸与原品牌联系是影响品牌延伸评价的两个因素（Keller and Aaker，1992），原品牌能力越高，消费者对原品牌的喜爱越多、信心越强；延伸类别越相近，消费者越认为延伸产品和原品牌关系紧密，对原品牌的正面看法就越有可能转移给品牌延伸产品（Keller，1993）。

也有研究者用品牌延伸距离（brand extension distance）这个变量

来表示品牌延伸的典型性（Keller and Aaker，1992；Ahluwalia，2008；王海忠等，2012），延伸距离大的远延伸产品与原品牌的品类相比典型性低，近延伸则典型性高。延伸距离和典型性更多是从企业生产的产品品类这一客观因素来考虑的，但在实证研究中，并不存在"客观的"延伸距离远近或典型性高低。品牌延伸的有关研究都是根据消费者的主观报告来度量延伸距离的，因此测量出的主观的延伸距离其实与感知契合度概念非常已经非常接近。故而在实证研究中，同样是操纵品牌延伸典型性的不同类别，有的研究使用的是远延伸或近延伸概念，如阿卢瓦利亚（2008）；有的则用高契合度（good fit）和低契合度（poor fit）这样的概念，如卡特赖特等（2013）。但他们用以确定延伸距离、典型性、相似性或感知契合度的量表都是基于阿克和凯勒（1990）和洛肯和约翰（1993）等文献制定的"多大程度上适合原品牌""多大程度上与原品牌相似"等测项。本研究将使用延伸距离作为类别变量，对品牌延伸的不同类型进行区分，通过前测确定延伸距离的远近；将感知契合度作为连续变量用于衡量被试在操纵和阅读了品牌延伸材料之后的主观感受，在正式实验中施测。尽管这两处使用的量表相同，但一处是在实验情境确定前的前测，另一处是在操纵完成后的中介变量测量，这样做与前人文献一致、符合实验设计的规范要求并满足本研究的目的。

企业自身因素方向的研究还发现：同一品牌不同延伸距离的产品推出的顺序影响品牌延伸评价，先近后远的延伸产品导入对营销更有利（Keller and Aaker，1992；Dawar and Anderson，1994）；品牌宽度（brand breath）即原品牌涵盖的品类数量（Boush and Loken，1991；Meyvis and Janiszewski，2004），以及原品牌品类特定联想（brand-specific associations）的强度（Broniarczyk and Alba，1994）也会影响品牌延伸评价，原品牌的涵盖类别越宽、特定品类联想越弱，品牌延伸评价越高；拥有声望型品牌概念（brand concept）的品牌进行延伸时，会比功能性（functional）的品牌概念获得更高的评价（Monga and John，2010）；原品牌拥有更高的被使用经验会影响对消费者延伸产品的尝试，但是否重复使用延伸产品的决策则与之前的使用经验无关（Swaminathan et al.，2001）；也有研究将品牌延伸分为为主题式（thematic，如百威薯片，因为喝啤酒时常搭配薯片）和类别式（taxonomic，如百威可乐，因为啤酒和可乐都属于饮品），研究发现消费者对主题式延伸的评价更积极、反应时更快，只有在强调了类别一致性的情况下，类别式延伸才有更快更积极的评价（Estes et al.，2012）。

原品牌的名称以及延伸产品的命名的表面相似性也有助于品牌延伸评价的提升，如品牌名称的发音特征（Zhang and Sood，2002），名称使用的语言调节这一影响，中文名称的语义关联和英文名称的发音关联正向影响品牌延伸评价（Pan and Schmitt，1996）。苏德和凯勒（2012）则发现子品牌（如苏宁—易购网上商城）的使用有助于缓解远距离延伸导致的低评价。具有特定文化象征意义的品牌在品牌延伸时保持产品与品牌的文化象征一致、避免文化的冲突才更有利于评价的提高（Torelli and Ahluwalia，2012）。

发表于 2006 年的一项大样本入户调查研究，对企业自身因素方面的有关实验室研究的结论进行了验证，并通过市场实地数据总结了成功品牌延伸的驱动要素。该研究确证了原品牌和延伸产品之间的感知契合度的确是最重要的因素，其次还包括企业对品牌延伸的市场支持、消费者的品牌信心、零售商的接受程度、消费者对原品牌的使用经验（Völckner and Sattler，2006）。

企业自身因素这一方向的研究表明，品牌延伸的成功是有难度的，品牌延伸发生意味着消费者对品牌原本的习惯认知发生改变，这种改变往往会使消费者犹豫甚至拒绝，对品牌延伸的负面评价甚至会导致原品牌的价值稀释。而改变这种状况，品牌延伸获得成功的关键在于使消费者认为延伸的产品与原品牌是契合的，而企业可以通过做强原品牌、建立宽度大的品牌印象、仔细选择延伸品类和延伸的方式、安排好延伸的次序等手段提高消费者的感知契合度和品牌延伸评价。

5.2.2　消费者特质因素

由于消费者对品牌延伸的契合度感知是主观的判断，因此不同的消费者对同样的品牌延伸很可能会有完全不同的评价。

多项研究认为消费者信息加工策略影响品牌延伸评价。品牌延伸的感知契合可被分为原型式（prototype）和范例式（exemplar）两种，原型式契合关注延伸是否符合品牌形象等抽象的意义，范例式则关注延伸是否符合品牌原本生产的具体产品类型（这一划分与前面"主题式/类别式"划分相近）。消费者在评价品牌延伸时如果使用更抽象（或具体）的加工策略，则对原型式契合（或范例式）更高的品牌延伸评价更高（Mao and Krishnan，2006；王海忠等，2012）。

消费者更喜欢使用何种方式加工信息受到文化差异的影响，蒙加和约翰（2007）发现，习惯整体性思维（holistic thinking）的东方被试（印度人）比习惯分析性思维（analytic thinking）的西方被试（美国人）对品牌延伸的评价更高；而思维方式的影响在功能型的品牌中才会出现，声望型品牌不受影响（Monga and John，2010）。自我建构（self-construal）这一重要的文化心理差异也对品牌延伸评价存在影响，在精细加工信息的情况下，相依型（interdependent）自我建构比独立型（independent）带来更高的品牌延伸评价（Ahluwalia，2008）。

消费者知识对品牌延伸评价存在影响。消费者关于品牌的知识更多时，远距离延伸会造成更大的冲突感，因而对远距离的品牌延伸比近延伸产品评价更低（Broniarczyk and Alba，1994）。

年龄与性别也有影响。没有丰富消费经验的儿童比成人更多依赖读音等品牌表面特征的相似来评价品牌延伸（Zhang and Sood，2002）；当男性希望向异性展示自己创造力的时候，对远距离的品牌延伸评价更高，而女性被试则不会出现这一效应（Monga and Gürhan‐Canli，2012）。

消费者动机、解释水平和内隐人格观这些个体差异因素也影响品牌延伸评价。行为动机指向"避免失败"的规避型（prevention）消费者的品牌延伸评价随延伸距离提高而降低，这一效应在关注"获取成功"的趋进型（promtotion）自我调节聚焦（self-regulatory focus）的消费者中消失，如果趋进型消费者感知到产品享乐价值，远距离延伸获得的评价甚至更高（Yeo and Park，2006）；解释水平高（更关注事物整体的特征）比解释水平低（更关注具体特征）的被试会更容易被延伸距离影响其评价（Kim and John，2008）；前面也有提及，渐变论内隐人格观的消费者比实体论者更接受远延伸产品（Yorkston et al.，2010），而对于渐变论者而言，远距离的品牌延伸甚至能够提升其对品牌个性的印象（Mathur et al.，2012）。

消费者特质因素的研究为营销人员选择合适的品牌延伸产品的目标细分市场提供了启示，而在理论上也表明品牌延伸距离及契合度并不存在客观远近或适当与否，如果选对了细分市场，消费者对品牌延伸的负面评价可获得好转。

5.2.3　情境性因素

既然消费者长期形成的认知风格、动机等个体差异会对品牌延伸评价产生影响，那么届时消费者所处的环境与状态的情境性和临时性因素，也应该对品牌延伸评价有影响。

有研究通过写作任务或者图片刺激启动被试的求偶思维状态（mating mind-set）（Monga and Gürhan‐Canli，2012），男性被试在求偶状态下展现自己的行为动机被激发，而选择和偏爱远距离的品牌延伸产品有助于展现自己的创造力，因此性感主题的广告情境对男性接受远延伸产品是有作用的。

还有学者发现在购物环境中增加图片以及与其他品牌进行对比的

信息能够使得消费者更加关注延伸产品的质量（Meyvis et al.，2012），从而更有利于远延伸产品的评价提升。研究认为图片和对比信息都能够让消费者更关注具体的产品质量信息，这既有助于减弱普遍存在的远延伸导致低评价的效应，也有助于缓解延伸对原品牌的稀释。

汉森等（2013）发现如果消费者心智中被临时启动了有关金钱的概念，则原品牌的质量对品牌延伸评价的影响会放大，原因是金钱启动导致了更抽象的认知加工。

卡特赖特等（2013）则发现如果在消费者对外部环境的控制感低的情境中，消费者会更加希望在产品中寻求稳定的结构感，因此对远延伸评价更低。

上面提及的有关解释水平（Kim and John，2008）、动机（Yeo and Park，2006）、内隐人格观（Yorkston et al.，2010）的几项研究中，研究者除了通过问卷测量的方法区分被试之外，也都采用了阅读材料刺激或认知任务的方式临时启动被试在这些指标上的不同状态，也都发现了类似的效应。这些研究证明，情境性地改变消费者的认知状态能够影响消费者对品牌延伸的评价。

有学者认为外在的情境性因素在品牌延伸研究领域中被忽视了（Monga and Gürhan-Canli，2012）。直到近几年才有实证研究探讨了购物环境中的信息、消费者被临时改变的认知状态对品牌延伸评价的影响。而探讨触觉感官体验效应的尚未见到，本书将会讨论触觉软硬体验对品牌延伸评价可能的影响。

5.3　研究假设

根据以上文献回顾可知，品牌延伸是品牌突破原有品类框架提供新产品的做法（Aaker and Keller，1990），品牌延伸的发生意味着变化的发生（Yorkston et al.，2010），而由于消费者对原品牌存有既定的看法和品类认识，大多数品牌延伸情境研究可以看出，消费者对品牌延伸的评价是负面的，这种负面看法甚至会导致原品牌价值的稀释（Loken and John，1993）。若延伸距离过远，消费者的感知契合度会更低，这种负面看法会更强（Boush and Loken，1991）。因此，消费者对品牌延伸这种变化持有负面看法（Völckner and Sattler，2006），而过往研究探讨的"提高品牌延伸评价"，实际上是"缓解消费者对品牌延伸过低的评价"。另外，这种负面评价是基于感知契合度这一主观感受而形成的（Völckner and Sattler，2006），而感知契合度是一种会被消费者的个体状态及环境线索等影响的、模糊的、情境依赖的、临时构建的主观感受（Meyvis et al.，2012）。

如同第 3 章的文献回顾和第 4 章的研究一中提到的，软硬体验给个体的触感反馈有关外部物理环境的稳定性和可塑性（Ackerman et al.，2010），也使个体监控到自己本身的状态是稳定的还是变化的，这种身体对情境监控到的变化状态会使消费者在面对品牌的负面变化时的看法无意识地改变，软触感意味着外部世界的多变，而原品牌的延伸这个变化只是外部变化"常态"中的一部分，因此会使消费者对品牌是否适合的问题的看法更宽松。而硬触感意味着外界世界的稳定和不可塑，原品牌的延伸这一变化在稳定的常态中被无意识地突显出来，因此会使消费者对"延伸产品变动了原品牌的类别或精神"更为坚持。由此我们得到关于触觉软硬体验对品牌延伸评价的具身效应假设（H3）：

H3：与硬触感相比，软触感的消费者对品牌延伸的评价更高，而这一效应被感知契合度中介。

进一步分析这一效应的心理机制，正如在第 2 章关于触觉软硬体验的具身效应的讨论，本章认为触感软硬效应的认知机制源自感官运动系统对环境和自身的监控，存在"感官体验（环境状况感知）—内部机能调动（行为应对）"的联动机制。若这种机制存在，也就意味着触觉软硬会影响个体对其"认知状态的认知"，即影响个体的"元认知（meta-cognition）"。已经有研究证实了触感轻重的具身元认知效应，发现负重的被试认为自己在完成更重要的思考（Alban and Kelley，2013）。也有研究发现身体做出摇摆动作之后的被试，态度也更加不确定（Schneider et al.，2013）。本章认为，软硬触感带来的对物理环境的身体反馈同样会引发态度确定性（attitude certainty）的元认知效应，因为软意味着外部环境容易变化、不确定、可塑、变化范围大，所以个体在经历软触感时也会同样对其正在经历的判断和决策感到不确定；而硬触感则使被试认为其身体对环境的感知和自己的认知状态都是确定的。也就是说，存在"触觉软硬体验（外部环境确定性感知）—认知适应身体的确定性状态（态度确定性高低）"的联动机制。软触感相对于硬触感使得消费者的态度确定性更低。而有关态度确定性的研究表明，当个体面对负面评价情境时，态度确定性越高，其评价也会更负面，并且更能够抵御广告等正面劝服信息，更拒绝扭转态度（Tormala and Petty，2002；Petrocelli et al.，2007）。当消费者面对原品牌延伸到较远的品类这个负面情境时，硬触感相对于软触感带来的高确定性，会使得消费者对品牌契合度的感知更低，对品牌延伸的评价更加负面。因此，消费者的软硬触感体验经由态度确定性影响感知契合度，进而影响品牌延伸评价。

如同第 3 章的论述，本章不认为语义隐喻机制可以用于解释触觉软硬的具身效应，因此研究二将开展实验排除这种竞争性的解释。

进一步讨论触觉软硬体验导致延伸评价效应的边界条件。前人的大量研究证明了延伸距离的影响，远延伸的产品使消费者基本无法借助于原品牌有关的质量感知和品牌知识进行判断；而近延伸的产品因为和原品牌的品类等方面的相似性，使消费者可以从原品牌中获得更多有效的线索和联想。因此，先前研究都表明，消费者对远延伸的评价更负面、更接近极端值；而消费者对近延伸的评价显著要高，更接近中等评价。因此，尽管不论延伸距离的远近，软触感体验都可以使消费者感到态度不确定性的增加，而态度不确定性的作用是让极端的评价偏向温和和中等（Tormala and Petty，2002），因此会对远延伸的感知契合度和品牌延伸评价有作用；但是，有关近延伸产品的评价本就接近中值，而态度不确定性带来的趋中效果将无法带来显著的区别，因此在对近延伸的感知契合度进行评价时，软硬触感不起作用。

由此，我们得到触觉软硬体验影响品牌延伸评价的、在第二阶段被调节的、多步双中介假设 H4、H4a、H4b：

H4：软触感（或硬触感）的消费者对品牌延伸的评价更高，而这一效应依次被态度确定性和感知契合度中介，并且态度确定性对感知契合度的效应被品牌延伸距离调节。

H4 包括的两个具体的子假设：

H4a：在远延伸条件下，软触感（或硬触感）的消费者态度确定性更低，继而使其感知契合度更高，进而使其品牌延伸评价更高。

H4b：在近延伸条件下，软触感（或硬触感）的消费者态度确定性也更低。但软触感与硬触感的消费者之间的感知契合度和品牌延伸评价上没有差异。

图 5－1 展示了研究二的理论假设模型。

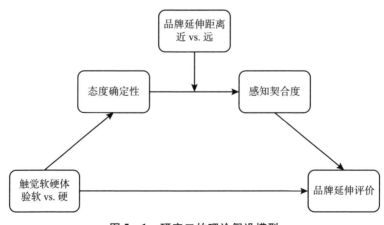

图 5－1　研究二的理论假设模型

接下来将通过 4 个实验验证 H3 和 H4（H4a 和 H4b），这 4 个实验均使用过往品牌延伸研究中广泛使用的情境构建方法：选择大学生被试熟悉的真实品牌，并通过前测确定虚拟的品牌延伸产品，测量不同的操纵条件下被试对品牌延伸的评价。实验 3 的目标是验证 H3，初步验证触觉软硬体验对品牌延伸评价的效应。实验 4 将使用新的品牌延伸情境，用以验证 H4（H4a 和 H4b），也就是研究二的理论假设模型。实验 5 再次更换品牌延伸的刺激材料，并在更微弱的触觉软硬刺激下，验证触觉软硬体验在远延伸条件下的效应。实验 6 使用与实验 4 相同的品牌延伸，使用语义启动的方法验证语义隐喻是否能够解释相关效应。

5.4　实验 3：触觉软硬对品牌延伸评价的影响

本研究的目的在于探讨触觉软硬体验对消费者品牌延伸评价的影响，即检验 H3。

5.4.1　实验设计

实验 3 采用单因素 2 水平被试间实验设计。自变量为触觉软硬体验（软触感 vs. 硬触感），因变量为消费者对品牌延伸产品的评价和购买意愿。67 名大学生被试（平均年龄 21 岁，其中男性 39 人）参与了实验 3，5 名被试猜中了研究目的或没有完全依照指引保持触觉体验状态，因此他们的数据被排除。

5.4.2　变量操纵与刺激材料

实验 3 对自变量触觉软硬的操纵方法与实验 2 中采用的方法（手持物体软硬＋座椅软硬）基本相同，但进行了细微的调整以排除更多的无关因素，使触觉的操纵更加纯粹。第一，因为实验 2 所使用的手持方形软硬物体之间有重量上的微小差异，因此实验 3 开始，手持的软硬触感操纵物体调整为两种重量几乎没有差异的轻质玩具小球。硬球由圣诞装饰空心球改装而成，材质为塑料合成材料，手握很难使其发生形变；软球是海绵制成，手握它仍能攥紧拳头。软硬小球的直径都是 6 厘米，重量都在 5 克以下。为了确保颜色和表面触感的一致性，在实验中它们都被装入了不透明的米色麻布小口袋当中。第二，座椅操纵中的硬椅子用金属制成，软椅子是带软垫的绒布椅。第三，实验全部在可容纳 8 人的相同实验室进行，同时实验的被试被分配到相同的软硬操纵组别，也就是说他们见到的其他被试与自己完成同样的任务、使用同样的桌椅，不会察觉到另有被试使用其他类型的座椅。具体实验操纵材料请见附录）。

为了制定品牌延伸评价的刺激材料，我们在同一个大学的大学生中实施了一个前测，确定了"星巴克电脑背包"作为品牌延伸产品的刺激材料。星巴克官网资料显示，该品牌不出售电脑包产品。而前测数据显示，被试对星巴克品牌有较高的品牌熟悉度（$M = 4.90$；$1 =$ 非常不熟悉，$7 =$ 非常熟悉）和较正面的品牌评价（$M = 4.87$；$1 =$ 很差，$7 =$ 很好），并且能够感知到星巴克电脑背包是品牌延伸（$M = 2.57$；显著低于中值 4，$p < 0.0005$，$1 =$ 很不适合这个品牌，$7 =$ 很适合这个品牌；Loken and John，1993）。

5.4.3 实验流程与变量测量

被试到达实验室就座之后，会首先阅读一份"调查指引"，指引告知被试需要完成几份不相关的调查问卷，其中最后一份需要他们评价一个玩具小球产品，为了使他们能够充分了解这个产品，需要他们一直拿着这个小球并充分接触它，直到完成全部问卷。被试拿起小球后，将会依次完成 3 份问卷。

第一份问卷测量被试的情绪状态，测项从同类研究经常使用的 PANAS 经典量表（Watson et al.，1988）中摘取 12 个情绪词，要求被试在 5 点量表上报告这些情绪词在多大程度上符合自己当时的感觉（1 = 完全不符合，3 = 中等，5 = 完全符合），包括 6 个正性情绪测项（$\alpha = 0.781$；如"骄傲的""热情的"等）和 6 个负性情绪测项（$\alpha = 0.784$；如"沮丧的""警觉的"等）。

　　第二份问卷要求被试对一个新产品给予评价。问卷首先呈现了星巴克的品牌标识及产品文字名称"星巴克双肩电脑包"，要求被试在仅了解以上信息的情况下，依次在一系列 7 点语义差别量表上进行打分，分别是：①3 个测项组成的品牌延伸进行评价（$\alpha = 0.870$；1 = 很差/非常不喜欢/非常负面，7 = 很好/非常喜欢/非常正面）；②1 个测项的购买意愿（"如果你现在需要购买电脑包，你在多大程度上愿意购买星巴克双肩电脑包"；1 = 非常不愿意，7 = 非常愿意）；③1 个测项的感知契合度（"你认为这款新产品与星巴克品牌的适合程度是"；1 = 非常不适合，7 = 非常适合；Loken and John，1993）。

　　第三份问卷被伪装成"玩具小球产品调查问卷"，要求被试在 7 点量表上评价手上的玩具小球的重量和软硬程度（1 = 非常轻/非常软，7 = 非常重/非常硬），并报告了自己的身体舒适度（1 = 非常不舒适，7 = 非常舒适）。问卷最后被试报告了自己的年龄、性别等人口统计情况，并在一个开放性问题中猜测了研究目的。

　　完成后，被试接受了价值 5 元的酬劳或等值的小礼品作为参与奖励。

5.4.4　统计分析

　　独立样本 T 检验对实验 3 的软硬两组之间的操纵检验变量、因变量、中介变量和额外变量进行分析，考察软硬两组之间这些数据结果是否存在显著差异（见表 5 - 1）。中介分析考察感知契合度对触觉软硬体验主效应的中介作用。

表 5 - 1　　　　　　　　实验 3：测量变量的均值与标准差

测量变量	软触感	硬触感
品牌延伸评价	**4.44** (0.79)	**3.82** (0.75)
购买意愿	**3.32** (1.01)	**2.54** (1.26)
感知契合度	**3.16** (1.29)	**2.35** (1.30)
玩具球硬度	**1.71** (1.03)	**6.00** (1.05)
玩具球重量	1.42 (0.86)	1.65 (1.11)
正性情绪	1.97 (0.66)	2.20 (0.72)
负性情绪	1.46 (0.48)	1.66 (0.64)
身体舒适度	5.87 (0.96)	5.90 (1.30)
样本量	31	31

注：1. 括号内为标准差；2. 带有下划线的均值表示软硬触感组之间差异显著。

（1）操纵检验

对软硬触感两组的玩具触觉指标数据进行独立样本 T 检验。首先，如同实验设计所预期的，软硬触感两组之间对玩具球的硬度感知有显著差别，软触感组的被试感觉比硬触感组更软（$t = -0.884$，$p < 0.0005$，d$f = 60$）；其次，对玩具球重量的感觉，两组之间没有显著差异（$t = -15.378$，$p = 0.38$，d$f = 60$）。这些数据表明实验 3 对触觉软硬的操纵是成功的。本书实验 4 和实验 5 都是用相同的方法进行软硬触觉的操纵，并且都进行了操纵检验，结果与实验 3 相同，为了行文简洁，下面不再赘述这一操纵方法的检验结果。

（2）因变量和中介变量

独立样本 T 检验进一步表明，软触感组的被试对星巴克电脑背包这一品牌延伸产品的评价显著高于硬触感组（$t = 3.132$，$p = 0.003$，$df = 60$），软触感组的购买意愿也比硬触感组更高（$t = 2.667$，$p = 0.010$，$df = 60$），H3 的主效应假设得到验证。

与此同时，软触感组的被试也对品牌延伸产品给出更高的感知契合度评分（$t = 2.444$，$p = 0.017$，$df = 60$），触感软硬对中介变量感知契合度的效应，满足了进一步中介分析的前提条件。

（3）中介分析

根据以往学者关于抽样法进行简单中介分析的建议（Zhao，Lynch and Chen，2010；Preacher and Hayes，2008），我们对软触感组和硬触感组分别虚拟变量编码为 0 和 1（研究二各实验均使用同样编码）作为自变量，感知契合度作为中介变量，分别对品牌延伸评价和购买意愿两个因变量进行回归，在 95% 置信区间条件下 5000 次抽样检验结果均发现了显著的中介效应（$CI_{品牌延伸} = [-0.37, -0.024]$；$CI_{购买意愿} = [-0.74, -0.050]$，都不包含 0）。感知契合度分别中介了触觉软硬体验对品牌延伸评价和购买意愿的效应。以上分析结果验证了 H3。逐步回归法（Baron and Kenny，1986）进行的中介分析结果也得出同样结论（见图 5 - 2）。

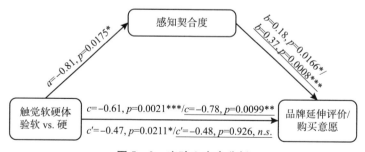

图 5 - 2　实验 3 中介分析

注：①其中，b、c 和 c' 值的前者是对品牌延伸评价的回归系数，而后者（带下划线）是对购买意愿的回归系数；

②ns 表示 $p > 0.05$，* 表示 $0.01 < p < 0.05$，** 表示 $0.005 < p < 0.01$，表示 *** $p < 0.005$。

（4）额外变量检验

为了检验触觉软硬体验是否影响被试的情绪及身体舒适度，也对软硬触感两组之间的正性情绪、负性情绪和身体舒适度的差异进行了独立样本 T 检验，结果表明，两组在这些变量上都没有显著差异（正性情绪：$p > 0.20$，负性情绪：$p > 0.17$，身体舒适度：$p > 0.90$；均值如表 5-1 所示）。在实验 4、实验 5 和实验 6 中，我们都使用了同样的方式检查了软硬触感对这些额外变量的影响，并且都没有发现显著差异，为了行文简洁，在研究二的其他 3 个实验报告中，我们不再赘述这些额外变量的分析结果。

5.4.5　实验 3 讨论

实验 3 验证了 H3 关于触觉软硬体验影响品牌延伸评价的假设，并且与前人关于品牌延伸的研究相同，确认了消费者对延伸产品与原品牌的感知契合度扮演了重要的中介角色。

实验 3 所使用的品牌延伸产品刺激物是星巴克电脑包，在前测和正式实验中被试对其契合度的打分都远小于中间值，这说明这个品牌延伸的距离是比较远的，那么在近延伸的情况下，触觉软硬是否会如同 H4 假设的那样没有效应？尤其对同一个品牌的远延伸和近延伸产品而言，触觉软硬体验是否会有不同的效应？替换为其他品牌的情况下，触觉软硬体验的效应能否重复出现？另外，研究二最为关注的软硬具身效应的情境监控的理论解释机制，即软硬触感影响被试的态度确定性这个假设没有在实验 3 中考察。这些问题将会在实验中得到回答。

5.5　实验 4：延伸距离与态度确定性的作用

实验 4 的目的是验证 H4，即验证研究二的理论假设模型：触觉软硬体验对品牌延伸评价的效应依次被态度确定性和感知契合度中介，同时被延伸距离的远近调节。

5.5.1　实验设计

实验 4 采用 2（触觉软硬体验：软触感 vs. 硬触感）×2（品牌延伸距离：远延伸 vs. 近延伸）双因素被试间实验设计。因变量为消费者对品牌延伸产品的评价和购买意愿。111 名大学生被试（其中男性 60 人，平均年龄为 21.1 岁）参与了本实验，6 名被试猜中了研究目的或没有完全依照指引保持触觉体验状态，因此数据分析采纳了共105 个有效样本的数据。

5.5.2　变量操纵与刺激材料

实验 4 操纵触觉体验的方法与实验 3 完全相同。为了操纵品牌延伸距离，我们在同一个大学的大学生中实施了两个前测，确定了"耐克运动耳机"作为近距离的品牌延伸产品，"耐克电吹风"作为远距离的品牌延伸产品（具体实验刺激见附录）。这个选择基于耐克是大学生们熟知和喜爱的品牌，运动耳机和电吹风也是大学生比较了解的产品品类，而通过耐克官网的搜索表明耐克品牌不生产这两种商品，因此它们是适合的品牌延伸品类。第一个前测数据显示，被试对耐克品牌有较高的品牌熟悉度（$M = 5.47$；1 = 非常不熟悉，7 = 非常熟悉）和积极的品牌评价（$M = 5.60$；1 = 很差，7 = 很好）。第二个前测是一个单因素 2 水平的被试间设计的实验，53 名大学生参与，结果显示大学生确实认为耐克电吹风是比耐克运动耳机更远的品牌延伸（$M_{运动耳机} = 4.96 > M_{电吹风} = 2.15$，$df = 51$，$p < 0.005$；1 = 很不适合这个品牌，7 = 很适合这个品牌）。

5.5.3　实验流程与变量测量

实验 4 的实验流程与实验 3 几乎完全相同，使用了同样的被试招募方式、问卷指引、问卷结构、付酬方法。只有一点区别，就是在第二份品牌延伸产品评价问卷中，在询问了被试对品牌延伸评价（$\alpha =$ 0.865）、购买意愿和契合度感知之后，使用了 2 个测项组成的 9 点语义差别量表测量了被试对其所做评价的态度确定性（$r = 0.944$；"有请问此时此刻，对于自己做出的以上评价，你有多么确定/坚定？"；1 = 非常不确定/非常不坚定，7 = 非常确定/非常坚定；Rucker et al.，2008）。

需要说明的是，根据洛克等（2008）关于态度确定性测量的建议和其他与元认知变量（如认知流畅性）测量有关的文献（汪涛等，2012），可以发现元认知变量自陈报告式的测量都是在被试完成了认知任务之后，回忆刚刚经历的认知状态进行报告的，但在理论上都将元认知变量作为认知任务变量的前置原因，这并不违反"因前果后"的逻辑要求，元认知状态本身一定是先于认知结果出现的，但对元认知状态的自陈报告测量为了不干扰被试完成认知任务，却不得不放在认知任务之后。汪涛等（2012）关于认知流畅性影响原产国效应的研究中，就是在被试完成了对产品信息的阅读和评价后再测认知流畅性的，但在理论上研究者把认知流畅性作为影响产品评价的原因。类似的，本实验中认为被试的态度确定感是先于评价产生的，只是对态度确定性的测量只能放在被试完成了评价之后。并且按照 H4，态度确定性是由触感软硬直接导致的，与给定的信息情境关系不大，故而品牌延伸距离的远近不会影响态度确定性，但延伸距离会影响感知契合度和延伸评价。因此如果 H4 被数据支持，也就自然排除了认知任务影响态度确定性的可能。

5.5.4 统计分析

（1）方差分析

通过一组 2（触觉软硬体验：软触感 vs. 硬触感）×2（品牌延伸距离：远延伸 vs. 近延伸）被试间 ANOVA 分析考察两个自变量对品

牌延伸评价、支付意愿、感知契合度和态度确定性的影响（四组测量变量的均值和标准差值见表 5 - 2）。

表 5 - 2 实验 4：测量变量的均值与标准差

测量变量	耐克运动耳机（近延伸）		耐克电吹风（远延伸）	
	软触感	硬触感	软触感	硬触感
品牌延伸评价	4.65 (0.91)	4.62 (1.13)	**4.15** (1.25)	**3.13** (1.19)
购买意愿	3.88 (1.18)	4.00 (1.44)	**3.30** (1.44)	**2.48** (1.01)
感知契合度	4.96 (1.32)	4.88 (1.61)	**3.08** (1.57)	**1.93** (1.04)
态度确定性	**5.83** (1.79)	**7.23** (1.53)	**6.56** (1.54)	**7.53** (1.41)
样本量	26	26	26	27

注：1. 括号内为标准差；2. 带有下划线的均值表示软硬触感组之间差异显著。

对品牌延伸评价的统计分析显示，2×2 交互效应显著（$F_{(1, 101)} = 5.07$，$p = 0.027$）；简单效应的分析结果如同 H4 的预期，在耐克电吹风（远延伸）条件下，和实验 3 的主效应类似，软触感组对品牌延伸的评价要显著高于硬触感组（$F_{(1, 102)} = 9.38$，$p = 0.003$），但在耐克运动耳机（近延伸）条件下，软硬触感两组之间的品牌延伸评价无显著差异（$F_{(1, 102)} = 0.01$，$p = 0.94$）。H4 中关于延伸距离调节主效应的假设得到验证（见图 5 - 3）。

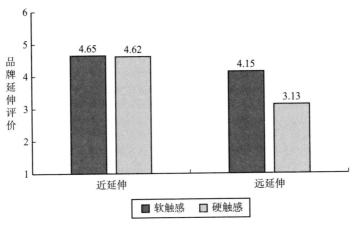

图 5-3 近延伸（左）/远延伸（右）、软硬不同触感条件下的品牌延伸评价

对购买意愿的统计显示了类似的结果，2×2 交互效应边际显著（$F(1, 101) = 3.56$，$p = 0.062$）；简单效应分析显示，在耐克电吹风（远延伸）条件下，软触感组对购买意愿的评价要显著高于硬触感组（$F(1, 102) = 9.48$，$p = 0.028$），但在耐克运动耳机（近延伸）条件下，软硬触感不会影响被试的购买意愿（$F(1, 102) = 0.17$，$p = 0.763$）。

对感知契合度的统计结果与上两个变量类似，2×2 交互效应非常接近显著水平（$F(F(1, 101) = 3.87$，$p = 0.052$）；简单效应分析显示，软硬触感对感知契合度的影响只在远延伸的条件下存在显著效应（$F(1, 102) = 5.51$，$p = 0.021$），在近延伸条件下，则没有发现软硬触感的效应。

对态度确定性的统计分析结果符合 H4 的假设，2×2 ANOVA 分析只发现了触觉软硬体验的主效应，软触感组的态度确定性显著比硬触感组低（$F(1, 101) = 15.071$，$p < 0.005$）；但没有延伸距离的主效应（$F(1, 101) = 2.854$，$p = 0.094$），及 2×2 交互效应（$F(1, 101) = 1.182$，$p = 0.491$）（见图 5-4）。

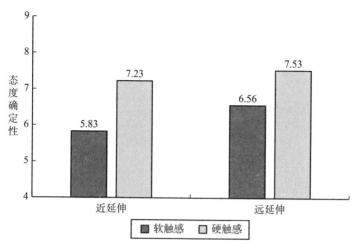

图 5-4　近延伸（左）/远延伸（右）、软硬不同触感条件下的态度确定性

综上可知，对各测量变量的 ANOVA 分析结果都符合 H4 的预期，并满足进行中介分析的前提条件。

（2）中介分析

实验 4 的目标是验证 H4 提出的被调节的三步双中介的假设模型。这个模型包括一个三步双中介模型，其假设的因果链路径是：触觉软硬体验→态度确定性→感知契合度→品牌延伸评价；还包括一个调节变量延伸距离，调节作用发生在"态度确定性→感知契合度"这个阶段上。哈耶斯（2013）提供并得到近年心理学国际主流期刊接受的分析方法和 SPSS 插件程序，已经可以对大多数的多调节或多中介模型进行处理，根据这套方法，接下来的分析将分成两个部分。第一部分取中介模型的前两步并纳入调节变量，使之成为一个第二阶被调节的中介模型；第二部分以调节变量品牌延伸距离的两个水平将数据分成两组，由于 ANOVA 分析已经表明在近延伸组触觉软硬体验不影响品牌延伸评价，因此只需在远延伸条件下验证三步双中介模型（触觉软硬体验→态度确定性→感知契合度→品牌延伸评价）是否成立，按照 H4 的假设，在远延伸的条件下这个假设路径是成立的。

第一部分，运用哈耶斯（2013）制作的 SPSS 软件 PROCESS 插件中 Model 14，将触觉软硬体验作为自变量，感知契合度作为因变量，态度确定性作为中介变量，延伸距离作为作用于第二阶的调节变量（近延伸编码为 0，远延伸编码为 1，下同），在 95% 置信区间条件下，进行 5000 次抽样检验。结果表明，延伸距离在模型中的调节作用是显著的，触觉软硬体验×延伸距离的交互项系数区间为负值并且不包括 0（$CI = [-0.89, -0.26]$）。在远延伸条件下，态度确定性显著负向中介了触觉软硬对感知契合度的影响（$CI = [-0.69, -0.05]$），依据软硬分组的虚拟变量编码和 ANOVA 分析的结果可知，在远延伸的条件下，软触感组相对硬触感组的态度确定性更低进而对感知契合度评分更高，这符合 H4 的假设。而在近延伸的条件下，数据显示出态度确定性在触觉软硬和感知契合度之间有显著的正向间接效应（$CI = [0.12, 0.75]$）。结合 ANOVA 分析的数据，这一结果表明，在近延伸组，软触感（vs. 硬触感）导致了更低的态度确定性，但没有影响感知契合度，而态度的确定性在近延伸组与感知契合度正相关。首先，这与本书对态度确定性和认知结果之间的理论假设并不矛盾，因为本书认为在判断依据较为充分的情况下，如延伸距离很近品牌原有的能力更有可能运用于延伸产品（Broniarczyk and Alba，1994），对态度的确定感越强越会觉得自己的理由和推断是有力的，因此观点会更偏离中值靠向极值；其次，心理统计学文献中，根据温忠麟和叶宝娟（2014）对中介分析的观点，当主效应没有出现（X→Y 效应不显著）时，即使发现了 X→M 和 M→Y 同时显著，也不能认为 M 有中介效应，而只能说统计上发现了 M 在 X 和 Y 之间的间接效应，因为中介效应的初始定义关心的是 M 对 X 影响 Y 的机制揭示，若没有 X→Y，讨论 M 的意义不大。上述分析表明，H4 中关于态度确定性中介触觉软硬体验对感知契合度，而延伸距离在第二阶调节这一中介作用的假设是成立的。

第二部分，在远延伸组的数据中，运用哈耶斯（2013）制作的

SPSS 软件 PROCESS 插件中 Model 6，将触觉软硬体验作为自变量，态度确定性作为第一步中介变量，感知契合度作为第二步中介变量，在 95% 置信区间条件下，进行 5000 次抽样检验，其主要结果（见表 5-3）表明：在远延伸条件下，"触觉软硬体验→态度确定性→感知契合度→品牌延伸评价" 这一多步中介路径是显著的，而将两个中介变量互换位置的竞争路径效应不显著，同时控制了第二个中介变量感知契合度之后的单中介模型不显著，但是控制了第一个中介变量态度确定性之后的单中介模型仍然是显著的。这些数据结果已经给 H4 提出的多步双中介模型提供了充分的证据支持，即触觉软硬体验影响了被试的态度确定性，继而在远延伸条件下影响被试的感知契合度，进而最终影响品牌延伸评价。

表 5-3　　　　实验 4：远延伸条件下的多步中介分析

路径	5000 Bootstrapping 95% CI
触觉软硬体验→态度确定性→感知契合度→品牌延伸评价	[-0.33, -0.009]
触觉软硬体验→感知契合度→态度确定性→品牌延伸评价	[-0.063, 0.16]
触觉软硬体验→态度确定性→品牌延伸评价（感知契合度为控制变量）	[-0.20, 0.35]
触觉软硬体验→感知契合度→品牌延伸评价（态度确定性为控制变量）	[-0.87, -0.12]

注：带有下划线的中介检验值（CI）区间不包含 0，效应显著。

但是，表 5-3 中最后一个路径检验的结果也表明，存在一部分触觉软硬体验对感知契合度及品牌延伸评价的影响并不通过态度确定性实现，这需要研究者做出理论上的分析和解释。

5.5.5　实验 4 讨论

实验 4 的统计分析结果验证了 H4，也表明研究二提出的整个假设模型得到了实证数据的支持。第一，实验 3 中发现的触觉软硬体验影响品牌延伸评价的效应在实验 4 中再次得到验证，但这一影响存在品牌延伸距离这一边界条件。只有在品牌推出远延伸产品时，消费者的触觉软硬体验才会无意识地影响其评价和购买意愿；第二，态度确定性是触觉软硬效应发生的中介因素。不论何种延伸距离，软触感（vs. 硬触感）的被试态度确定性更低（vs. 高），软触感使得品牌远延伸给消费者带来与其原本知识不符合的冲突感，以及负面感知都没有那么确定，因此其品牌评价更趋向于中值，而硬触感则更趋向于极值；第三，实验 4 的数据证据表明态度确定性是由消费者对自己身体的物理情境监控导致的，并不因远近延伸的信息框架不同而有变化，在近延伸情况下，软触感被试的态度确定性也不高，但由于被试本身对近延伸的评价就接近中值，态度更确定的硬触感被试对延伸评价更加确定于中值附近，而态度更不确定的被试则也是调整为趋近于中值，因此延伸距离只在"态度确定性→感知契合度"这段路径上发挥调节作用。

尽管 H4 中没有提出假设，但实验 4 发现了一个显著的间接效应。在近延伸条件下，触感软硬导致态度确定性的变化，而态度确定性与近延伸的感知契合度有正相关关系。也就是说，在近延伸条件下，态度确定性越高，则感知契合度越高。根据前人（Broniarczyk and Alba，1994）的研究，当原品牌足够强大时，消费者评价近延伸产品时会认为其原本的强大能力足以支撑它提供一种新的品类，因为这种品类距离其原本熟悉的品类很近，有很多能力可以复制到新产品的生产上，所以尽管品牌延伸发生了，但消费者还是有信心给予较高的评价。本实验使用耐克品牌，前测中被试对其品牌评价就非常高，当它推出近延伸的运动耳机时，消费者会同时觉得这不符合其运动服饰这一原本的品牌定位，但又会觉得耐克擅长运动类产品应该有能力做好，因此，当其评价更多想到后者时，态度确定性高就会正向影响其评价。考察实验 4 的数据还可以发现，在近延伸情况下，无论是前测还是正式实验，被试对品牌延伸的评价和感知契合度都略大于中值 4，而本章的理论假设则认为软触感导致的态度不确定让被试趋中，硬触感导致的态度确定让被试更加远离中值，数据结果与这一理论是吻合的。因此尽管 H4 并没有预测到在近延伸条件下态度确定性的间接效应，但和研究中关于态度确定性发挥作用的理论分析仍然是符合的。并且，这个有趣的结果也表明，如果在某些情景下，硬触感所带来的态度确定性的提高有可能会带来正面的、有利于营销的结果。硬触感导致消费者评价提高的假设，正是本章研究三在其他营销情境下将要验证的。

另外，中介分析出现的另一个假设之外的结果，就是数据分析表明，远延伸条件下控制了态度确定性之后，软硬触感对感知契合度以及品牌评价的影响仍然存在，即态度确定性不能够完全解释软硬触感的效应。本章认为，这可能与软硬体验的操纵同时使用了两种触觉刺激有关。为了给被试营造更为强烈的软硬触感环境，实验 2、实验 3 和实验 4 都同时使用了手持触感和坐姿触感两种方式，有的文献将坐姿触感称为"被动触感"，并报告了两种触感类似的具身效应（Ackerman et al.，2010），但本书第 2 章介绍过的一篇新近的神经学研究把触觉分为"辨别性触觉"和"情感性触觉"，手掌的触觉神经中只有辨别性，而有毛发的皮肤（如坐姿触感触及的躯干皮肤）下同时有两种触觉神经（Mcglone et al.，2014）。辨别性触觉意味着个体更多通过手掌皮肤辨别外部环境的状况，所以与个体对情境的监控更有关联，因此本章假设的触觉软硬影响态度不确定是由情境监控机制引发的，有可能辨别性触觉是导致态度确定性效应产生的原因。而情感性触觉可能会因为微弱的情感变化效应（实验中外显的 PANAS 量表测不出来）等原因而影响品牌延伸评价。为了验证这个理论猜测，本章将在实验 5 当中取消对被试座椅的软硬操纵，而仅使用单纯的手部触觉软硬操纵。依据以上分析，本章预测在单纯手部触觉软硬操纵的条件下，软硬触觉会影响被试对品牌延伸的评价，并且路径

"触觉软硬体验→态度确定性→感知契合度→品牌延伸评价"是在备选路径中唯一能够解释这一效应的中介机制。

5.6 实验5：单纯手部触觉软硬的影响

实验5的目的有：在仅使用玩具球进行手部触觉软硬操纵的情形下，验证H4a提出的多步双中介效应，即远延伸时触觉软硬体验影响品牌延伸的效应，依次被态度确定性和感知契合度中介。

5.6.1 实验设计

实验5采用单因素2水平被试间实验设计。自变量为触觉软硬体验（软触感 vs. 硬触感）。65名大学生被试（其中男性40人，平均年龄为21.4岁）参与了实验5，3名被试猜中了研究目的或没有完全依照指引保持触觉体验状态，因此数据分析采纳了共62个有效样本的数据。

5.6.2 变量操纵与刺激材料

实验5使用了与实验3和实验4相同的两种玩具小球操纵被试的触觉软硬体验，而两种条件下被试的座椅都是中等软硬程度的相同座椅（图片见附录）。

为了对不同的品牌重复验证本章假设的触觉软硬对品牌延伸的效应，实验5通过前测确定了新的品牌延伸刺激材料——海尔自行车。海尔官网显示，该品牌不出售自行车产品。与正式实验相同的样本群中随机抽取的前测样本显示，被试对海尔品牌的熟悉度（$M = 5.37$；$1 =$ 非常不熟悉，$7 =$ 非常熟悉）和评价都较高（$M = 5.33$；$1 =$ 很差，$7 =$ 很好），他们认为海尔自行车对海尔来讲是远延伸产品（$M = 2.37$，显著低于中值4，$p < 0.0005$；$1 =$ 很不适合这个品牌，$7 =$ 很

适合这个品牌）。

5.6.3　实验流程与变量测量

实验 5 和实验 4 的实验流程和变量测量完全相同。被试在阅读问卷指引之后，在第一部分问卷报告了情绪状态，在第二部分问卷中对海尔自行车产品报告了自己做出的品牌延伸评价（$\alpha = 0.910$）和感知契合度并对态度确定性（$r = 0.924$）给出了评分，在第三部分问卷报告了对玩具球的重量和硬度感知并报告了人口统计信息，最后猜测了实验目的。其中，操纵检验和情绪等额外变量的数据结果与实验 3 及实验 4 相近，均符合实验设计要求，为行文简洁，不再赘述。

5.6.4　统计分析

（1）方差分析

对软硬触感两组的测量变量数据独立样本 T 检验，全部结果如同假设预期（如表 5 - 4 所示）。软硬触感两组之间对品牌延伸评价、购买意愿、感知契合度、态度确定性都有显著差别。软触感组相对硬触感组：品牌延伸评价更高（$t = 3.132$，$p = 0.003$，$df = 60$）；购买意愿更强（$t = 2.667$，$p = 0.010$，$df = 60$）；感知契合度更高（$t = 2.444$，$p = 0.017$，$df = 60$）；态度确定性更低（$t = 2.444$，$p = 0.017$，$df = 60$）。

表 5 - 4　　　　　　　实验 5：测量变量的均值与标准差

测量变量	软触感	硬触感
品牌延伸评价	**4.53** (0.82)	**3.73** (0.87)
购买意愿	**4.19** (1.23)	**3.87** (1.24)

测量变量	软触感	硬触感
感知契合度	**2.87** （1.38）	**2.26** （0.93）
态度确定性	**6.00** （2.25）	**7.06** （1.34）
样本量	31	31

注：1. 括号内为标准差；2. 带有下划线的均值表示软硬触感组之间差异显著。

结果表明，即使仅通过手部触觉操纵被试软硬体验，研究二假设的触觉软硬体验对品牌远延伸评价的影响仍然存在，并且对态度确定性和感知契合度两个中介变量也有符合预期的效应，满足进一步进行中介分析的前提条件。

（2）中介分析

运用哈耶斯（2013）制作的 SPSS 软件 PROCESS 插件中 Model 6，将触觉软硬体验作为自变量，态度确定性作为第一步中介变量，感知契合度作为第二步中介变量作为中介变量，在 95% 置信区间条件下，进行 5000 次抽样检验，其结果（见表 5-5）表明："触觉软硬体验→态度确定性→感知契合度→品牌延伸评价"这一多步中介路径是显著的；将两个中介变量互换位置的竞争性假设路径效应不显著；同时控制了第二个中介变量感知契合度之后的单中介模型不显著；更重要的是，在实验 4 中显著的、控制态度确定性之后的单中介模型也是不显著的。这些数据结果完全验证了 H4a 提出的多步双中介模型，"触觉软硬体验→态度确定性→感知契合度→品牌延伸评价"是备选路径中唯一能够对触觉软硬影响远延伸情境下的品牌延伸评价的解释路径。

表 5 - 5　　　　　　　　　　　实验 5：多步中介分析

路径	5000 Bootstrapping 95% CI
触觉软硬体验→态度确定性→感知契合度→品牌延伸评价	[- 0.19, - 0.011]
触觉软硬体验→感知契合度→态度确定性→品牌延伸评价	[- 0.060, 0.062]
触觉软硬体验→态度确定性→品牌延伸评价（感知契合度为控制变量）	[- 0.16, 0.12]
触觉软硬体验→感知契合度→品牌延伸评价（态度确定性为控制变量）	[- 0.25, 0.026]

注：带有下划线的中介检验值（CI）区间不包含 0，效应显著。

5.6.5　实验 5 讨论

首先，实验 5 仅使用了更细微的纯粹手部触感操纵，依然发现了触觉软硬体验对远距离的品牌延伸评价的效应，这表明触感软硬体验对消费者态度的影响效应是强健的。

其次，实验 5 验证了远延伸条件下的"触觉软硬体验→态度确定性→感知契合度→品牌延伸评价"这条中介机制解释，并排除了与之竞争的其他备选中介机制。

再次，实验 5 通过去除座椅操纵的方法避免了实验 4 中出现的双中介路径不纯粹的问题。对比实验 5 和实验 4，操纵方法的变化导致的中介分析结果的差异为本章提出的"辨别性触觉的软硬体验是引发态度确定性变化的原因"这一解释提供了证据支持。

最后，实验 5 使用了不同于实验 3 和实验 4 的品牌及其延伸情境，再次重复验证了触觉软硬效应对品牌延伸评价的效应，使研究二提出的理论假设得到了更有力的数据支持。

5.7　实验6：语义隐喻机制的排除

实验6的目的是排除触觉软硬体验激活软硬语义概念进而导致品牌延伸评价不同的理论解释。有学者（Zhang and Li，2012）在一项有关触觉轻重体验的具身效应的文章中验证了，重量体验之所以会影响被试对自己观点重要性、具体社会问题的重要性的判断，是因为重量体验激活了与"轻重"有关的语义概念及其隐喻，这项研究通过直接激活被试轻重语义概念的方式获得了和触觉轻重体验操纵相同的效应。这一理论解释有可能被用以解释本书发现的触觉软硬的具身效应。前面所进行的分析已经表明本书不认为语义隐喻机制能够解释软硬触觉的效应，实验6将通过实证方法进行排除。

5.7.1　实验设计

实验6采用单因素2水平被试间实验设计。自变量为软硬语义启动（软概念 vs. 硬概念）。因变量为品牌延伸评价。72名大学生被试（平均年龄为20.4岁，其中男性24人）参与了实验6。

5.7.2　变量操纵与刺激材料

实验6完全仿照两位学者在研究二中（Zhang and Li，2012）使用的方法，进行软硬概念激活的操纵（具体见附录）。被试在进入实验之后，先是被要求写下3种触感坚硬（如石头）或柔软（如毛巾）的物品。实验6选择的品牌延伸产品是在实验4当中使用的远延伸产品——N品牌电吹风。在实验4中已经发现触觉软硬体验会影响被试对N品牌电吹风这个品牌延伸的评价，因此如果触觉软硬体验是经由语义隐喻形成的效应，那么直接启动软硬的语义概念将必然发现相同的效应，如果没有效应，那么就表明语义隐喻不能用来解释实验4

中发现的效应。

5.7.3　实验流程与变量测量

实验 6 的流程与实验 4 的流程类似，被试在同样的座椅条件下开始填写问卷，首先完成软硬语义启动任务，随后填写与实验 4 远延伸条件相同的品牌延伸评价问卷，最后填写了人口统计信息并猜测了研究目的。

主要测量的变量包括被试的品牌延伸评价（$\alpha = 0.868$）、购买意愿、感知契合度和态度确定性（$r = 0.946$）。

5.7.4　统计分析

对软硬语义两组的测量变量数据进行独立样本 T 检验，品牌延伸评价（$M_{软语义} = 3.47$，$M_{硬语义} = 3.75$，$p > 0.24$，$df = 70$）、购买意愿（$M_{软语义} = 2.81$，$M_{硬语义} = 2.69$，$p > 0.71$，$df = 70$）、感知契合度（$M_{软语义} = 1.94$，$M_{硬语义} = 2.19$，$p > 0.71$，$df = 70$）、态度确定性（$M_{软语义} = 6.63$，$M_{硬语义} = 6.92$，$p > 0.42$，$df = 70$）都没有显著差别。

实验 6 的结果表明，对于触感软硬体验能够影响的品牌延伸评价，软硬语义概念启动不能导致统计显著的差别，并且也不能复制软硬触觉对购买意愿、感知契合度、态度确定性的效应。实验 6 表明，语义隐喻机制不能解释触觉软硬体验的具身效应。

5.8　研究二结论与讨论

研究二发现，触觉软硬体验影响消费者的品牌延伸评价，效应发生的机制是一个第二阶段被调节的、多步双中介模型，第一步中介变量为态度确定性，调节变量为延伸距离，第二步中介变量为感知契合度。具体而言，软触感的消费者对品牌延伸评价比硬触感的被试更高，这一效应被感知契合度中介（研究3）；该效应受到延伸距离的调节，在远延伸的情况下软触感（vs. 硬触感）的消费者的感知契合度和品牌延伸评价才会更高，近延伸的情况下两种触觉体验之间的感知契合度和品牌延伸评价无差异（研究4）；在远近延伸条件下，软触感（vs. 硬触感）的消费者觉态度确定性都会更低（研究4）；但只有在远延伸条件下，触觉软硬体验对态度确定性的影响才会进一步作用于感知契合度和品牌延伸评价（研究4和研究5），即使是在仅有手部触感不同的情况下（研究5）；软硬概念的语义启动对品牌延伸评价没有影响（研究6）。

从理论角度看，研究二的贡献在于证实了新的"具身元认知效应"，即触觉软硬体验对态度确定性的影响，并排除了触觉软硬效应的语义隐喻机制。元认知是个体对自身认知状态的监控，因此元认知变量态度确定性是更为基础和内在的认知变量。发现触觉轻重体验的元认知效应的研究者提出理论认为，人类关于自己认知的认知也是具身化的，这表明身体与认知的关系有多么密切（Alban and Kelley, 2013）。本研究的发现为这一理论提供了新的证据，并且实验4表明元认知效应不受信息框架影响，这说明触觉软硬体验对元认知的影响和个体对身体的监控的联结是更紧密和直接的，态度是否确定与身体触觉的关系要强于与态度对象的关系。本书认为触觉软硬体验的具身效应是由于个体对外部世界可变性的情境监控导致的，研究二有关态度确定性的结果和研究一关于内隐人格观倾向的结果在不同的层级上为本书的情境监控机制假设提供了论据。关于语义隐喻机制的排除也是对情境监控机制假设的支持。另外有研究表示（Zhang and Li, 2012）在探讨轻重的语义隐喻时将语义激活机制和具身机制列为两种竞争性的机制解释，也就是说两位作者认为，语义激活机制其实是符合联结主义的非具身认知观点的，认为触觉体验必须经由大脑内的概念激活再传导到与之联结的其他概念，经由大脑神经网络才可能引发认知效应，即认知仍是离身的、身心仍是二元的。但研究二在直接排除了语义隐喻机制之后，仍然发现了触觉软硬体验的具身效应，并且有元认知效应，这为"认知有具身性"这一理论观点提供了有力的论据。

从实践角度看，研究二为企业实施品牌延伸提供了新的营销策略路径——为消费者营造软触觉环境。过往研究表明，企业在实施品牌延伸时需要仔细考虑新品类与原品牌之间的关系，同时也需要考虑目标细分市场的因素，而本研究则建议企业在推出远距离的品牌延伸产品时注意与消费者触感有关的细节。例如，零售终端中品牌延伸产品促销的区域应该尽可能让地板、座椅、柜台等与消费者发生触觉接触的地方保持柔软；品牌延伸产品的包装应该有更软的包装；使用赠品促销品牌延伸产品时毛绒制品就比陶瓷制品要好，等等。

第 4 章和本章分别探讨了触觉软硬体验对服务失败容忍和品牌延伸评价的影响，并探讨了内隐人格观倾向、态度确定性等情境监控型的心理机制。但是，尽管这两项研究都使用量表测量了被试的情绪，且没有发现触觉软硬体验对情绪的影响，但是由于自陈报告式的情绪测量在效度上有局限，因此研究一和研究二并不能完全排除情绪同化的机制解释。本书将在研究三中，采用新的营销情境，基于不同机制提出两种相反预测并设计实验进行验证，尝试直接排除情绪同化机制。

第 6 章

研究三：触觉软硬与品牌技术评价

6.1　问 题 提 出

前面已经探讨了在服务失败和品牌延伸情境下，与硬触感相比，软触感对消费者的态度与评价都产生了积极的影响。对于这样的结果，除了前面探讨的认知机制之外，还存在另一种具有合理性的解释：软触感给个体的感知是柔和舒适的，能给人以正面的情绪影响，但如果与硬物发生碰撞，会产生疼痛的负面感知，硬触感可能会让个体联想起负面的身体经验，因此触觉软硬体验的作用本质是情绪同化作用，所以对认知的积极影响只有可能来自软触感，硬触感只会导致负面效应。尽管研究一和研究二已经将被试情绪作为观测变量，而且没有发现触觉软硬体验的效应，但两项研究的结果都符合情绪同化的机制解释，或许存在无法用自陈报告方式测量的情绪变化导致效应的发生。因此要排除情绪同化的解释就需要更有力度的直接证据。另外，从营销应用来看，依据本书提出的情境监控机制的解释，当消费者感到外界环境具有稳定性或态度确定性高有利于品牌营销时，营销者应当为消费者营造硬触感。硬触感在什么情况下会有积极作用，这也需要实证研究进行探索。

依据研究一和研究二的讨论，当消费者面对负面的、但没有充足线索形成评价的情境时（如：服务失败、远距离的品牌延伸），软触感会使消费者评价趋中。如果这一理论成立，那么在一些正面的但模糊的情境中，软触感也会引起态度不确定性高而使其评价趋中，而硬触感则让消费者更确定自己做出的正面的基本评价，因此这时硬触感将带来积极的认知结果。情绪同化机制和情境监控机制对这类情境的软硬触感效应有完全相反的预测。因此，研究三在品牌技术评价情境下展开实验，直接对比验证两种解释的合理性。

在科技全面渗透衣食住行的当今时代，品牌所拥有的技术能力对品牌价值的贡献越来越大。2012 年之前，占据 InterBrand 全球品牌价值排行榜第一位的一直是传统的消费品牌可口可乐。但从 2013 年开始，可口可乐被两家科技公司超越，仅排第三位。苹果和谷歌公司已经在 2013 年和 2014 年连续两年排名全球品牌价值的第一位和第二位，它们获得的品牌价值很大程度上源自消费者对其技术研发、创新及产品实现能力的认可。然而即使是拥有全球最强研发能力的谷歌公司，也无法确保每一项新技术都能够获得市场的成功。2015 年 1 月，谷歌宣布停售原本被寄予厚望的谷歌眼镜产品，并将谷歌眼镜的团队从其尖端研发部门 Google X 中剥离。前人研究显示，消费者对品牌的积极态度有助于提升其对高科技产品的绩效预期（Aaker and Jacobson，2001），而且被认为质量高的高科技品牌在市场上的份额占优（Tellis et al.，2009）。但消费者对于高科技的态度具有两面性，有的消费者对技术抱有积极态度（Kozinets，2008），甚至会参与到技术创新中来（马永斌等，2013）。有些时候，尽管技术能够带来生活的便利，但也意味着风险的提升，甚至有消费者会采用延迟购买新技术产品等手段降低自己的风险（Kozinets，2008）。在高科技产品营销的研究中，研究者关注是否能够通过提供使用支持或售后保障等手段来提升消费者对技术的评价和采用率（Mick and Fournier，1998），而本章则将目光聚焦于情境性的触觉感官因素，探讨软触感和硬触感哪一种能够让消费者对品牌的技术评价更高。

6.2　研究假设

研究三在探讨消费者认知机制时采用了前人研究中的排除（rule-out）范式（Janiszewski and Osselaer，2000；Hong and Jr. Wyer，1989）：根据不同的理论提出可被验证的、不同的结果，再通过实验设计和数据分析，判定哪一种预测更加符合数据结果，从而在各竞争性认知理论中筛选出最被数据支持的机制。研究三将分别从情境监控机制和情绪同化机制出发得到两个相反的理论假设。

一般而言，大多数消费者并不会对新的或是复杂的产品技术有足够丰富的客观知识（Alba and Hutchinson，2000），同时消费者对于技术的态度是存在内心冲突的（Mick and Fournier，1998），因此消费者很难对品牌的技术做出准确的评价，大多数情况下消费者都是在模糊情境下做出技术评价的，所以消费者对品牌的技术评价会受到很多因素影响。消费者会依据与先前近似的有关技术知识的类比（Gregan Paxton and John，1997）、品牌态度（Aaker and Jacobson，2001）或先前的相关使用经验（Shih and Venkatesh，2004）、甚至对原产国的刻板印象（如德国的机械制造技术精良；江红艳等，2014）进行评价。当向消费者提供优秀的品牌或卓越的原产地这些正面信息的时候，将使消费者的品牌技术评价较为积极。那么，此时触觉软硬体验会对消费者品牌技术评价有何影响？

假设按照本书假设的情境监控机制进行分析，硬触感消费者的感官运动系统监控到外界环境是稳定不变的，其态度确定性也更高，因此他/她将无意识地认为其获得的正面线索能够帮助其给予品牌较正面的品牌评价；反之，软触感的消费者则感知到了外界的可塑与不稳定，其态度确定性也更低，因此其对品牌的技术评价也将更为趋中，比硬触感要低。由此我们推导出假设 H5。

H5：在有正面信息线索的技术评价情境下，硬触感的消费者相对于软触感的消费者对品牌的技术评价更高。

假设按照研究一和研究二无法排除的情绪同化机制进行分析，软触感意味着身体的柔和舒适，有积极的情绪作用，硬触感则有消极的情绪作用。而情绪对认知的影响都是同化的（Zhu and Argo，2013），因此软触感的消费者对品牌的技术评价更积极，而硬触感的消费者对品牌技术的评价则相对消极。由此得出与 H5 完全相反的竞争性假设（H5 - alternative，以下简写为 H5 - a）：

H5 - a：在有正面信息线索的技术评价情境下，软触感的消费者相对于硬触感的消费者对品牌的技术评价更高。

下面通过两个实验对 H5 和 H5 - a 进行比照筛选。实验 7 使用高熟悉度的优质品牌推出新技术的情境；实验 8 使用来自优质技术联想原产地的低熟悉度品牌的技术评价情境。

6.3　实验 7：触觉软硬对新技术评价的影响

实验 7 的目的在于验证 H5 和 H5 - a 两种相反的预测中哪种触觉软硬效应会出现。

6.3.1　实验设计

实验 7 采用单因素 2 水平被试间实验设计。自变量为触觉软硬体验（软触感 vs. 硬触感）。66 名大学生被试（其中男性 34 人，平均年龄为 20 岁）参与了实验 5，2 名被试猜中了研究目的，因此数据分析采纳了共 64 个有效样本的数据。

6.3.2　变量操纵与刺激材料

实验 7 使用了与实验 5 相同的操纵方法，只使用两种玩具小球操纵被试的触觉软硬体验，所有被试的座椅也和实验 5 一样都是中等软硬的座椅。

为了让被试在实验中对含有积极线索的情境进行品牌技术评价，实验 7 选择了大学生被试都较为熟悉的知名品牌××，并根据相关网站关于××3D 打印技术的报道，按照"新浪财经"的网页排版格式拟定了一则科技新闻，标题为："尽管困难重重，但××会努力实现——××对3D 打印技术研发做出承诺"，主要内容是：该公司承诺在两年内将其 3D 打印技术的速度提高 15 倍和精细度提高 5 倍，尽管专业人士认为实现这个目标有困难，但××公司 CEO 认为公司能够实现（具体见附录）。这个情境中，由于××品牌本身在打印技术领域有很高的声誉，这些是有关品牌实力的正面线索，但需要被试评估这家公司在不可确知的未来是否能实现其技术目标，这个情境符合 H5 和 H5 - a 假设的条件设置。

6.3.3　实验流程与变量测量

实验 7 和实验 5 的实验流程基本相同。被试在阅读问卷指引之后，第一部分问卷要求被试报告情绪状态；在第二部分问卷中，首先向被试展示××的标识并以 3 个测项测量了被试对××品牌的评价（α = 0.704；1 = 很不知名/非常不熟悉/非常不喜欢，7 = 很知名/非常熟悉/非常喜欢），随后要求被试阅读关于××3D 打印技术的新闻报道，接着用 8 点里克特量表测量被试对××的品牌技术评价（我相信惠普将实现这个承诺；1 = 非常不同意，8 = 非常同意），最后用两个 7 点里克特量表测量被试对 3D 打印技术的知识（r = 0.679；我对 3D 打印技术很了解/我对 3D 打印技术掌握很多知识；1 = 非常不同意，7 = 非常同意）；在第三部分问卷报告了对玩具球的硬度感知并报告了人口统计信息，最后猜测了实验目的。其中，操纵检验、情绪等变量的数据结果与研究一和研究二的各个实验相近，两组没有显著差异，均符合实验设计要求，为行文简洁，不再赘述。

6.3.4　统计分析

（1）因变量

对软硬触感两组的品牌技术评价测量结果进行独立样本 T 检验，结果符合 H5 的预测，与 H5 - a 的预测完全相反。硬触感组的品牌技术评价比软触感组显著更高（$M_{硬触感}$ = 5.65 > $M_{软触感}$ = 5.00，p = 0.049，df = 62）。进一步分析数据可以看出，整体而言，被试对××品牌的技术评价都大于中值 4.5，但软触感的被试更加趋近于中值，而硬触感的被试则更接近极端值（见图 6 - 1）。

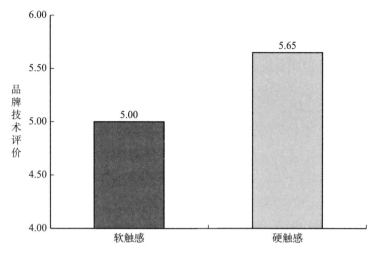

图6-1 实验7：软硬不同触感条件下的××品牌技术评价

（2）其他变量

为了证明软硬两组被试的品牌技术评价差异，不是由于本身对××品牌有不同的评价或因对3D打印技术的知识不同而引起的，需要通过独立样本T检验考察两组之间的品牌评价和消费者知识是否有差异。结果表明两组被试对××的评价和3D打印技术知识均无差异：品牌评价（$M_{硬触感} = 4.44$，$M_{软触感} = 4.39$，$p > 0.85$，$df = 62$）、技术知识（$M_{硬触感} = 2.47$，$M_{软触感} = 2.63$，$p > 0.60$，$df = 62$）。

6.3.5 实验7讨论

结果表明，在有积极品牌线索的模糊情境下，消费者对品牌的技术评价是倾向于正面的，但软触感的被试对品牌技术的评估比硬触感被试要低，这与情境监控机制提出的H5相吻合，但与情绪同化机制的预期H5-a相反。结果直接排除了情绪同化的解释，因为：如果软触感是因为情绪同化才导致了研究一和研究二发现的积极认知结果，那么在研究三中就不会出现软触感的认知结果比硬触感消极的情况。而且通过对具体数值的分析也表明，研究二提出的软触感带来态度不确定使评价趋中的效应在实验 7 中也存在（$M_{软触感}$ = 5.00 比 $M_{硬触感}$ = 5.65 更接近中值 4.5），因此负面情境中的趋中效应会导致积极的结果，但在有正面线索的情境下，趋中就会带来消极的结果。

实验 7 采用的是被试较为熟悉的品牌（××）和不熟悉的产品（3D 打印），为了进一步验证该结果的稳健性，实验 8 将使用另一种情境刺激：不熟悉的品牌和较为熟悉的产品，将具有正面联想的原产地信息作为情境中的正面线索。

6.4 实验 8：触觉软硬对新品牌技术评价的影响

实验 8 的目的在于，使用与实验 7 不同的情境，再一次验证实验 7 得到的结果，进一步验证 H5，排除 H5 – a。

6.4.1 实验设计

实验 8 同样采用单因素 2 水平被试间实验设计。自变量为触觉软硬体验（软触感 vs. 硬触感）。67 名大学生被试（其中男性 37 人，平均年龄为 19.9 岁）参与了实验 5，3 名被试猜中了研究目的，因此数据分析采纳了共 64 个有效样本的数据。

6.4.2 变量操纵与刺激材料

实验 8 使用了与实验 7 完全相同的触觉软硬体验的操纵方法。

在刺激材料方面，为了排除实验 7 中使用被试熟悉的品牌和不熟悉的产品品类带来其他解释，实验 8 选择了手表作为被试熟悉的产品品类，而品牌则选择被试熟悉度较低的欧洲真实手表品牌 YY，作为刺激材料（具体见附录）。手表品牌 YY 的中文名为"时度"，前测表明大学生被试对该品牌的熟悉度很低（M = 1.93，显著低于均值 4，$p < 0.001$）。刺激材料为 YY 的一段文字介绍和该品牌真实的标识

图形。文字介绍声称 "YY 是一个欧洲手表品牌，即将进入中国市场。该品牌希望通过本问卷了解中国消费者看到标识后对产品性能的感觉和印象。" 之后请被试在仅看到标识的情况下，对其计时准确性的感知进行评估。其中来自欧洲的品牌是积极的原产地线索，而消费者本身对该品牌熟悉度较低，因此是模糊的技术评价情境，符合 H5 和 H5 - a 设置的前提条件。

6.4.3　实验流程与变量测量

实验 8 和实验 7 的实验流程完全相同。被试在阅读问卷指引之后，第一部分问卷要求被试报告情绪状态；在第二部分问卷中，要求被试在阅读 YY 品牌介绍之后用 8 点里克特量表测量被试对 YY 手表计时是否精准可靠做出评估（我觉得此手表计时精准可靠；1 = 非常不同意，8 = 非常同意），作为品牌技术评价的指标。最后用两个 7 点语义差别量表测量被试对 YY 品牌（1 = 非常不熟悉，7 = 非常熟悉）和手表产品知识的了解程度（比普通大学生对手表知识的了解；1 = 少很多，7 = 多很多）；在第三部分问卷报告了对玩具球的硬度感知并报告了人口统计信息，最后猜测了实验目的。其中，操纵检验、情绪等变量的数据结果两组没有显著差异，均符合实验设计要求，为行文简洁，不再赘述。

6.4.4　统计分析

（1）因变量

对软硬触感两组的品牌技术评价测量结果进行独立样本 T 检验，结果与实验 7 类似：符合 H5 的预测，与 H5 - a 的预测完全相反。硬触感组的品牌技术评价比软触感组显著更高（$M_{硬触感} = 5.59 > M_{软触感} = 4.84$，$p = 0.021$，$df = 62$）。进一步分析数据可以看出，整体而言，被试对 DOXA 品牌的技术评价都大于中值 4.5，但软触感的被试更加趋近于中值，而硬触感的被试则更接近极端值（见图 6 - 2）。

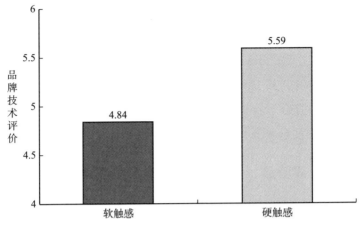

图 6 - 2　实验 8：软硬不同触感条件下的 YY 手表的品牌技术评价

（2）其他变量

为了证明软硬两组被试的品牌技术评价区别不是由于本身对 YY 品牌熟悉度不同或因对手表产品的知识不同而引起的，需要通过独立样本 T 检验考察两组之间的品牌熟悉度和消费者知识是否有差异。结果表明两组被试对 YY 品牌的熟悉度（$M_{硬触感} = 1.22$，$M_{软触感} = 1.31$，$p > 0.695$，$df = 62$）和对手表的知识（$M_{硬触感} = 2.91$，$M_{软触感} = 2.94$，$p > 0.921$，$df = 62$）均无差异。数据分析表明实验 8 复制了实验 7 的结果，H5 的假设（情境监控假设）被实验 8 证实，H5 - a 的假设（情绪同化假设）被排除。

6.5　研 究 三 结 论

与研究一和研究二中出现的软触感正面效应不同，研究三发现了硬触感的正面效应。在有正面线索时，硬触感的被试对品牌的技术评价比软触感要高（实验 7 和实验 8）。

从理论上看，这一结果支持本书提出的情境监控机制的理论假设，并直接排除了情绪同化机制对触觉软硬效应的解释。硬触感（或软触感）使个体监控到了环境的稳定与坚固（或不稳定与可塑），当处于正面评价情境时，硬触感带来的稳定感和高态度确定性能够强化其正面评价；当处于负面评价情境时，软触感带来的可塑感和低态度确定性能够弱化其负面请假，带来积极结果。

从实践上看，研究三对于优质品牌进行新技术营销有所启发，优质品牌在进行技术推广时，将从其品牌资产中获益（Aaker and Jacobson，2001），此时为消费者营造硬触感体验将有助于提升消费者对其新技术的信心。另外，对于技术评价非常重要的品类（如机械或电子类产品），在营销者为消费者提供各类正面信息同时，还应该注意对消费者的触觉体验进行管理，硬触感的触觉体验有助于加强正面信息的积极作用。

第 7 章

研究结论与讨论

7.1 研 究 结 论

本书通过三项研究共 8 个行为实验，采用了 3 种不同的触觉体验操纵方法，发现并确认了软硬触感体验是一种影响消费者行为的助推式因素。具体发现包括：消费者的触觉软硬体验对其服务失败容忍（研究一）、品牌延伸评价（研究二）、品牌技术评价（研究三）有显著影响，而消费者的感官运动系统对外界物理环境的情境监控机制是这些影响产生的内在原因（研究一和研究二），同时本书的研究结果也证明，触感软硬体验影响消费者行为的效应不能够被语义隐喻机制（研究二）和情绪同化机制（研究三）所解释。

三项研究的 8 个实验的具体发现如下：

研究一：与体验硬触感被试相比，软触感被试的服务失败容忍更高（实验 1 和实验 2）；这一效应被内隐人格观倾向中介，软触感（vs. 硬触感）使被试更倾向持有渐变论（vs. 实体论）的内隐人格观，进而对服务失败更加容忍（实验 2）。

研究二：与体验硬触感的被试相比，软触感被试对品牌延伸的评价更高，该效应被感知契合度中介（实验 3）；同时，这一效应会被延伸距离调节，只有在远延伸条件下触觉软硬体验才会影响消费者的品牌延伸评价，近延伸时则无影响（实验 4）；但无论延伸距离远近，软触感被试（vs. 硬触感被试）的态度确定性都显著更低（实验 4）；并且在远延伸的条件下，触觉软硬体验影响品牌延伸评价的效应依次被态度确定性和感知契合度中介，即软触感（vs. 硬触感）导致被试的态度确定性更低，进而带来较高的感知契合度，最终导致较高的品牌延伸评价（实验 4 和实验 5）；在近延伸条件下，软触感（vs. 硬触感）同样导致被试的态度确定性更低，但对感知契合度和品牌延伸评价没有影响（实验 4）；而对于软硬触感存在效应的远距离品牌延伸情境，直接的软硬概念语义启动无法引发消费者对品牌延伸评价的差别（实验6）。

研究三：与体验软触感的被试相比，硬触感被试在有正面线索的情境中对品牌技术的评价更高（实验7和实验8），这一结果支持本书提出的情境监控的认知机制假设，排除了情绪同化机制的解释。

7.2 理 论 贡 献

本书深入剖析了触觉软硬体验对一系列消费者行为的助推式影响及其心理机制，通过三项研究在不同的营销情境中分别探讨了软硬触感对消费者的服务失败容忍、品牌延伸评价和品牌技术评价的影响，并验证了情境监控机制的理论解释力，发现了内隐人格观倾向和态度确定性的中介作用，并直接排除了语义隐喻和情绪同化两种其他心理机制。总体来说，本书在前人的研究基础上存在一定的理论突破和创新。具体而言，理论贡献包括以下几个方面：

第一，首次验证了触觉软硬体验这一感官因素对消费者抽象认知活动的潜在影响，拓展了触觉感官营销理论的研究。感官营销理论认为五感体验与消费者的感知、判断、评价和行为关系密切，在很多情况下感官对消费者行为具有驱动作用（Krishna，2010；Krishna，2013）。近两年，感官营销的实证研究得到了理论界重视，但研究的主要对象是消费者对具体产品属性的记忆、评价和感知如何被感官因素影响（Krishna et al.，2010；Krishna and Morrin，2008；Meyers - Levy et al.，2010）。在触觉感官营销的研究中，尽管已经发现温度、重量对消费者的抽象认知活动存在影响（Huang et al.，2014；Zhang and Li，2012），但在本书的文献检索范围内，还没有触觉软硬体验对消费者抽象认知存在影响的报告。本书认为消费者在进行许多抽象评价时（例如在面对服务失败、进行品牌远延伸评价或品牌技术评价），都欠缺足够充分的认知资源进行确定的、理性的判断，此时感官体验极有机会通过个体的感官动作监控系统对其抽象认知活动产生影响。本书报告的触觉软硬对消费者抽象认知活动的影响，是对触觉感官营销研究的新拓展。

第二，将即时触觉体验这一情境性因素引入服务失败和品牌延伸两大传统营销研究关注的热点话题。具身认知理论认为，人类是适应能力强大的"环境动物"（Barsalou，2008），消费者也极有可能会受到外界环境的影响。在营销理论研究的文献中，无论是服务失败领域还是品牌延伸领域，过往研究者都将目光聚焦于企业自身或消费者自身有哪些因素会影响消费者的态度和行为，而情境性因素并未得到足够重视。例如，在服务营销研究中，以往的研究认为服务体验过程中消费者会有意识地将有形的证据当作对无形体验质量的判断依据（Zeithaml and Bitner，2003；Bitner，1990），有形证据（physical evidence）也被列入服务营销关键要素 8P 之中（Lovelock and Wirtz，2004）。这些研究即使关注消费者所处的情境，但也认定那些与质量判断或认知对象相关的情境因素才会影响消费者。而本书的三项研究中所使用的触觉软硬体验的操纵都与其评价对象没有关系，但发现了显著的影响。这是一项对服务失败、品牌延伸等传统营销研究话题的贡献。

第三，本书报告了新的触觉具身效应，为具身认知理论提供了新的实证证据。8 个实验当中有 7 个都报告了触觉软硬体验的具身效应。其中触觉软硬对服务失败容忍、品牌延伸评价和品牌技术评价的影响都具有创新性，更重要的是本书还报告了触觉软硬体验对个体的基本认知图式（内隐人格观倾向）和元认知（态度确定性）的影响，这些实证结果验证了具身认知关于"身体参与并影响认知"的基本思想。而个体的认知图式和元认知这些基础性认知被触觉体验影响的发现表明，身体对认知的参与和影响是非常深入的。本书从实验 5 开始在仅使用手部触觉体验操纵的情况下也同样发现了触觉软硬的具身效应，说明细微的身体感官变化也对个体认知存在深刻影响。而前人研究发现手掌的单纯辨别性触觉功能，也在实验 4 和实验 5 中介分析结果的微小区别中找到了证据（Mcglone et al.，2014）。另外，2015年 1 月刚刚发表的研究通过 ERP 脑电记录发现，经常使用触屏手机的用户比使用按键手机的用户在手指收到触觉刺激时有更加活跃的脑电活动（Gindrat et al.，2015）。本书与这些最新的研究一起，在不同层面上验证了触觉对认知的"具身"影响。

第四，本书发现了触觉具身效应的两个新的中介变量，并确证了情境监控机制的作用，排除了其他的可能解释，对具身效应心理机制的探索有贡献。尽管近年来具身认知是认知及社会心理学的研究热点，但这些研究大部分都是"效应驱动"的，对效应背后的认知机制的探讨并不充分。对触觉另一维度轻重体验具身机制的探讨存在语义隐喻（Zhang and Li，2012）和元认知（Alban and Kelley，2013）两种机制并存的情况，而有关触觉软硬效应的中介机制探讨几乎没有。本书率先对可能的机制解释进行验证和排除。通过两个与情境变化监控有关的中介变量引入，验证了情境监控机制对触觉软硬效应的解释，同时通过不同的实验直接排除了语义隐喻和情绪同化两种其他机制。

7.3　实　践　启　示

本书在服务失败、品牌延伸和品牌技术评价三个营销话题中探索了情境性的触觉软硬体验对消费者的助推作用，通过实证研究证明了"触觉感官营销手段"对企业的重要意义，研究结论对企业实施感官营销战略、通过感官塑造消费者认知、以及具体的顾客触觉管理等方面有重要启示。主要表现在以下几个方面：

首先，本书的研究结果提示企业应重视"感官营销战略"，尤其是情境性触觉因素对消费者的影响，有的放矢地引导消费者认知与行为。近年来，"感官营销"成为营销学术和实践领域共同关注的热点话题（Krishna，2013）。知名营销学者菲利普·科特勒在为《感官品牌》一书作序时发出警告：传统营销手段越来越难以奏效，要想保持领先就必须为消费者带来全面的感官体验（Linstrom，2010）。诺贝尔经济学奖获得者塞勒教授认为通过非强制的细小情境因素"助推（nudge）"个体的判断、决策是一种值得重视的行为干预手段（Thaler and Sunstein，2008）。本书证实触觉软硬体验对消费者诸多情境下的重要态度都有"以小拨大"的作用。少数国际知名企业经过长时间的投入积累了一些感官营销的成功经验，但对于众多中国公司而言，他们更加关心感官营销的"落地"，即应该在何时为消费者营造何种感官体验才能够切实取得营销成效。由于开展感官营销涉及企业的产品研发、核心流程设计等关键环节，意味着时间和资金成本的投入，实施感官营销并非易事，许多成功的案例是建立在诸多失败基础上的（Krishna，2013）。如果管理者能够更明确地了解哪些情境下的哪种感官体验是有助于赢得顾客认可的，那么企业就可以更加有的放矢地实施感官营销战略。

其次，依据本书的研究结果，营销者可以制定具体的消费者"触觉管理对策"，针对不同的营销目的，利用购物场所、产品包装和赠品的触感影响消费者的态度和评价。

例如，面对服务失败，以往管理者和研究者更多关注如何展开针对性的服务补救，即出现某种服务失败时如何采取特定的补救措施（如道歉或赔偿），这一思路有助于提高服务业对服务失败的系统应对能力，但也将导致服务失败应对手段的模式化，使得顾客把这些补救识别为公式化流程，进而产生抵触。比如，航空公司在晚点发生后给予客户的程式化的抱歉和解释往往会被乘客认为是借口。然而，也有优秀的服务企业从物理环境因素着手，通过实施感官营销战略对顾客态度进行干预。例如，以服务著称的新加坡樟宜机场从感官体验着手应对可能的晚点事件，室内园林的设置提升视觉的舒适度、给手推车做降噪处理、广播的听觉体验在晚点发生时更加柔和，这些措施取得了成效。由此可见，服务企业应当重新审视其服务失败应对手段，补救措施中应当包含"感官应对方案"。服务失败发生后，服务补救不仅仅需要展开针对性的道歉、再服务或赔偿等行动，也应当尽可能营造让消费者的抱怨有所缓解的感官环境。依据本书的结论，"感官应对方案"中的触觉部分应当做到：①整体环境判断：快速判断顾客所处的物理环境的整体触觉体验是否有利于服务补救，如果顾客处于硬触感的环境中（例如，地板、座位等），则应寻找机会将顾客引导至软触觉的新环境中；②增加软触感：重新将原有补救措施中有可能让消费者感受到硬触感的内容剔除或更换，尽可能增加顾客柔软触觉。例如，现场安抚用的标准配置中应增加毛毯等软化顾客触感的物品，而网上店家在"双十一购物节"等极有可能延误到货的消费时点应提高包装柔软度并增配柔软赠品；③整合其他感官：感官应对方案应该整合触觉与其他感官体验，例如服务补救中向顾客提供的餐饮口感应尽量柔软，环境中的背景音乐也应避免刺耳的内容。对于一些失败风险较高的服务企业，应当进行预防式的顾客感官管理。在服务接触开始时就让消费者感受到柔软的触觉体验，能够使消费者用更灵活和弹性的方式看待服务结果与预期的差距，提高顾客的容忍区域，对可能出现的服务失败将会有更高的容忍。例如，快捷酒店、医院、汽车 4S 店等服务商家，在顾客的交互线上（如前台）应当多使用柔软触感的物理材料；机场附近的酒店经常容纳因飞机延误而滞留过夜的旅客，这些酒店应当使用柔软度更高的地毯、毛巾和床垫。银行排队问题严重也是今年来中国频繁出现的服务失败，因此银行营业厅的座位和地面也应该使用柔软的物料。

对于希望通过远距离的品牌延伸推出完全不同以往的新产品的企业而言，则应当充分注意零售卖场中新产品展示和销售区域的触觉环境，无论是地板、座椅还是消费者有可能亲身接触的柜台、文具等都应当足够柔软；品牌延伸类的产品包装应该加厚其柔软的内层包装，让消费者见到产品之前有机会体验到软触感；如果向客户提供赠品，则应当将赠品内容中的硬材料制品（如陶瓷、金属用具等）替换为软材料制品（如毛绒玩具等）。

而当营销者希望消费者能够认可其技术能力时，触觉管理对策则与上述情况恰恰相反，企业应当为消费者营造硬触感的体验，以增加其确定感并对其技术能力增加信心。总之，企业应当在营销方案中增加"触觉感官管理方案"，将消费者的触觉体验纳入管理考量。

最后，根据本书对触觉软硬效应的心理机制探讨，营销管理者可以根据需要使用触觉体验营销消费者不同的"情境监控状态"，使得触觉体验成为对消费者具有影响力的"无意识的按钮"。本书发现，触觉软硬能够影响消费者对外部世界可变性、稳定性的情境，柔软触觉会让消费者感到不确定但对变化不敏感，而坚硬触觉则会让消费者感到外部世界稳定并有确定感。因此，软触感在负面变化发生时有缓和趋中的正面效应，而硬触感在正面的变化发生时则有积极影响。有调查发现，对于喜爱可口可乐传统口味的消费者而言，他们中大多数更喜欢坚硬的玻璃瓶包装，而不是偏软的塑料瓶包装（Linstrom，2010），由此可以看出消费者对于可口可乐的口味变化是抱有负面看法的。因此，当营销管理者希望消费者对正面的变化或是稳定、持久、一贯抱有更积极的看法时，应尽可能营造硬触感的感官环境。反之，如果希望消费者对负面的变化更加宽容，则应提供软触感的体验。

7.4　不足与未来研究方向

本书在触觉软硬体验如何影响消费者行为这一问题上，取得了具有理论价值和实践意义的发现，但仍然存在一些不足，未来可以从以下几个方面改进和拓展现有的研究：

第一，本书仅就触觉感官对消费者态度的影响进行了实证考察。事实上，根据具身认知理论，其他感官所获取的感知会对个体的认知产生影响（Glenberg et al.，2013），也有可能影响消费者行为。例如，在服务营销实践中，新加坡航空公司通过在机舱中使用独特香水的方式提高顾客的服务满意度，那么嗅觉体验是否会在服务失败情景中影响消费者态度是值得实证研究的。因此，触觉之外的嗅觉、听觉、味觉等感官体验是否会对消费者的服务失败容忍、品牌延伸评价和品牌技术评价存在影响也值得进一步探讨。

第二，虽然本书探讨了触觉软硬体验影响消费者行为的中介机制，但对这一效应的边界条件探讨的还不够充分。有研究发现人们在购买决策过程中对触摸的需求存在个体差异，并且发现了是否触摸商品对不同触摸需求的人而言，对其购买和评价是有不同影响的（Peck and Childers，2003）。那么，像触摸需求、认知需求等认知层面的个体差异因素可能会是这一效应的边界条件。因此，未来研究可以沿这个思路进一步探究。

第三，有研究发现人们在触摸屏产品使用频率这一个体差异会导致触觉引发的脑神经活动的显著差异（Gindrat et al.，2015），那么这类差异是否会体现在行为层面。此外，对触觉刺激的敏感性本身也是存在个体差异的，这些因素是否也会是本书发现的触觉软硬效应的调节机制？本书所使用的被试都是大学生被试，普遍是智能手机的使用者，因此未来研究应该增加被试的多样性，并引入触摸产品使用习惯等个体差异变量进行更深入的实证研究。

参 考 文 献

[1] 杜建刚. 服务补救中的情绪感染与面子研究 [M]. 天津：南开大学出版社，2010.

[2] 杜建刚，范秀成. 服务失败情境下顾客损失、情绪对补救预期和顾客抱怨倾向的影响 [J]. 南开管理评论，2007a（6）：4 - 10.

[3] 杜建刚，范秀成. 服务补救中情绪对补救后顾客满意和行为的影响——基于情绪感染视角的研究 [J]. 管理世界，2007b（8）：85 - 94.

[4] 方杰，张敏强，邱皓政. 中介效应的检验方法和效果量测量：回顾与展望 [J]. 心理发展与教育，2012（1）：105 - 111.

[5] 何贵兵，李纾，梁竹苑. 以小拨大：行为决策助推社会发展 [J]. 心理学报，2018，50（8）：5 - 15.

[6] 江红艳，王海忠，陈增祥. 心理加工模式对品牌原产国刻板印象逆转的影响——如何看待新兴国家的"新线索" [J]. 中山大学学报（社会科学版），2013（4）：189 - 200.

[7] 江红艳，王海忠，钟科. 品牌丑闻对国家形象的溢出效应：原产国刻板印象内容的调节作用. 商业经济与管理 [J]，2014（6）：55 - 64.

[8] 李荣荣，麻彦坤，叶浩生. 具身的情绪：情绪研究的新范式 [J]. 心理科学，2012（3）：754 - 759.

[9] 马永斌，王其冬，万文海. 消费者创新研究综述与展望 [J]. 外国经济与管理，2013（8）：71 - 80.

[10] 孟伟. 如何理解涉身认知？ [J]. 自然辩证法研究，2007

（12）：75 - 80.

[11] 彭军锋，汪涛. 服务失误时顾客为什么会选择不同的抱怨行为？——服务失误时自我威胁认知对抱怨行为意向的影响 [J]. 管理世界，2007（3）：102 - 115 + 171 - 172.

[12] 彭凯平，喻丰. 道德的心理物理学：现象、机制与意义 [J]. 中国社会科学，2012（12）：28 - 45.

[13] 曲方炳，殷融，钟元等. 语言理解中的动作知觉：基于具身认知的视角 [J]. 心理科学进展，2012（6）：834 - 842.

[14] 宋艳，曲折，管益杰等. 视知觉学习的认知与神经机制研究 [J]. 心理科学进展，2006（3）：334 - 339.

[15] 汪涛，张琴，张辉等. 如何削弱产品来源国效应——产品信息呈现方式的影响研究 [J]. 心理学报，2012（6）：841 - 852.

[16] 王光荣. 维果茨基的认知发展理论及其对教育的影响 [J]. 西北师大学报（社会科学版），2004（6）：122 - 125.

[17] 王海忠，王骏旸，罗捷彬. 要素品牌策略与产品独特性评价：自我建构和产品性质的调节作用 [J]. 南开管理评论，2012（4）：111 - 117.

[18] 王墨耘，傅小兰. 内隐人格理论的实体论 - 渐变论维度研究述评 [J]. 心理科学进展，2003（2）：153 - 159.

[19] 温忠麟，叶宝娟. 中介效应分析：方法和模型发展 [J]. 心理科学进展，2014，22（5）：731 - 745.

[20] 叶浩生. 具身认知：认知心理学的新取向 [J]. 心理科学进展，2010（5）：705 - 710.

[21] 叶浩生. 有关具身认知思潮的理论心理学思考 [J]. 心理学报，2011a（5）：589 - 598.

[22] 叶浩生. 身心二元论的困境与具身认知研究的兴起 [J]. 心理科学，2011b（4）：999 - 1005.

[23] 叶浩生. 具身认知、镜像神经元与身心关系 [J]. 广州大

学学报（社会科学版），2012（3）：32 – 36.

　　［24］叶浩生. 认知与身体：理论心理学的视角［J］. 心理学报，2013（4）：481 – 488.

　　［25］银成钺，刘金星. 顾客对假性关系下服务交互失败的判断：内隐人格理论的角色［J］. 营销科学学报，2012，8（4）：79 – 95.

　　［26］约翰·迪利. 符号学基础（第六版）［M］. 张祖建（译）. 北京：中国人民大学出版社，2012.

　　［27］张腾霄，韩布新. 红色的心理效应：现象与机制研究述评［J］. 心理科学进展，2013（3）：398 – 406.

　　［28］钟科，王海忠. 品牌拉伸效应：标识形状对产品时间属性评估和品牌评价的影响［J］. 南开管理评论，2015（1）：64 – 76.

　　［29］AAKER D A, JACOBSON R. The value relevance of brand attitude in high-technology markets［J］. Journal of Marketing Research，2001，38（4）：485 – 493.

　　［30］AAKER D A, KELLER K L. Consumer evaluations of brand extensions［J］. Journal of Marketing，1990，54（1）：27 – 41.

　　［31］AAKER J, FOURNIER S, BRASEL S A. When good brands do bad［J］. Journal of Consumer Research，2004，31（1）：1 – 16.

　　［32］ACKERMAN J M, NOCERA C C, BARGH J A. Incidental haptic sensations influence social judgments and decisions［J］. Science，2010，328（5986）：1712 – 1715.

　　［33］AHLUWALIA R. How far can a brand stretch?：understanding the role of self-construal［J］. Journal of marketing research，2008，45（3）：337 – 350.

　　［34］ALBA J W, HUTCHINSON J W. Knowledge calibration：what consumers know and what they think they know［J］. Journal of Consumer Research，2000，27（2）：123 – 156.

　　［35］ALBAN M W, KELLEY C M. Embodiment meets metamemory: weight as a cue for metacognitive judgments [J]. Journal of Experimental Psychology: Learning, Memory, and Cognition, 2013, 39 (5): 1628 – 1634.

[36] ANDERSON E W. Customer satisfaction and price tolerance [J]. Marketing Letters, 1996, 7 (3): 265 – 274.

[37] ARGO J J, DAHL D W, MORALES A C. Consumer contamination: how consumers react to products touched by others [J]. Journal of Marketing, 2006, 70 (2): 81 – 94.

[38] ARGO J J, DAHL D W, MORALES A C. Positive consumer contagion: responses to attractive others in a retail context [J]. Journal of Marketing Research, 2008, 45 (6): 690 – 701.

[39] ARGO J J, POPA M, SMITH M C. The sound of brands [J]. Journal of Marketing, 2010, 74 (4): 97 – 109.

[40] ARIELY D, LOEWENSTEIN G, PRELEC D. Tom sawyer and the construction of value [J]. Journal of Economic Behavior & Organization, 2006, 60 (1): 1 – 10.

[41] BAGCHI R, CHEEMA A. The effect of red background color on willingness-to-pay: the moderating role of selling mechanism [J]. Journal of Consumer Research, 2013, 39 (5): 947 – 960.

[42] BARON R M, KENNY D A. The moderator-mediator variable distinction in social psychological research: conceptual, strategic, and statistical considerations [J]. Journal of Personality and Social Psychology, 1986, 51 (6): 1173 – 1182.

[43] BARSALOU L W. Grounded cognition [J]. annual Review of Psychology, 2008, 59 (1): 617 – 645.

[44] BITNER M J. Evaluating service encounters: the effects of physical surroundings and employee responses [J]. Journal of Marketing, 1990, 54 (2): 69 – 82.

[45] BLISS – MOREAU E, OWREN M J, BARRETT L F. I like the sound of your voice: affective learning about vocal signals [J]. Journal of Experimental Social Psychology, 2010, 46 (3): 557 – 563.

[46] BOUSH D M, LOKEN B. A process-tracing study of brand extension evaluation [J]. Journal of Marketing Research, 1991, 28 (1): 16 – 28.

[47] BRIÑOL P, PETTY R E. Embodied persuasion: fundamental processes by which bodily responses can impact attitudes [M]// Semin G R, Smith E R. Embodiment grounding: Social, cognitive, affective, and neuroscientific approaches Cambridge: University Press, 2008.

[48] BRONIARCZYK S M, ALBA J W. The importance of the brand in brand extension [J]. Journal of Marketing Research, 1994, 31 (2): 214 – 228.

[49] CACIOPPO J T, PRIESTER J R, BERNTSON G G. Rudimentary determinants of attitudes. II: arm flexion and extension have differential effects on attitudes [J]. Journal of Personality and Social Psychology, 1993, 65 (1): 5.

[50] CAHILL L, BABINSKY R, MARKOWITSCH H J, et al. The amygdala and emotional memory [J]. Nature, 1995, 377 (6547): 295 – 296.

[51] CASASANTO D. Embodiment of abstract concepts: good and bad in right-and left-handers [J]. Journal of Experimental Psychology. , 2009, 138 (3): 351 – 367.

[52] CASTRO I A, MORALES A C, NOWLIS S M. The influence of disorganized shelf displays and limited product quantity on consumer purchase [J]. Journal of Marketing, 2013, 77 (4): 118 – 133.

[53] CHAE B G, HOEGG J. The future looks "right": effects of the horizontal location of advertising images on product attitude [J]. Jour-

nal of Consumer Research, 2013, 40 (2): 223 – 238.

[54] CHAE B G, LI X, ZHU R J. Judging product effectiveness from perceived spatial proximity [J]. Journal of Consumer Research, 2013, 40 (2): 317 – 335.

[55] CHIU C, HONG Y, DWECK C S. Lay dispositionism and implicit theories of personality [J]. Journal of Personality and Social Psychology, 1997, 73 (1): 19.

[56] CIAN L, KRISHNA A, ELDER R S. This logo moves me: dynamic imagery from static images [J]. Journal of Marketing Reasearch, 2014, 51 (2): 184 – 197.

[57] CIAN L, KRISHNA A, ELDER R S. A sign of things to come: behavioral change through dynamic iconography [J]. Journal of Consumer Research, 2015, 41 (6): 1426 – 1446.

[58] COULTER K S, COULTER R A. Small sounds, big deals: phonetic symbolism effects in pricing [J]. Journal of Consumer Research, 2010, 37 (2): 315 – 328.

[59] CRUSCO A H, WETZEL C G. The midas touch: the effects of interpersonal touch on restaurant tipping [J]. Personality and Social Psychology Bulletin, 1984, 10 (4): 512 – 517.

[60] CUTRIGHT K M. The beauty of boundaries: when and why we seek structure in consumption [J]. Journal of Consumer Research, 2012, 38 (5): 775 – 790.

[61] CUTRIGHT K M, BETTMAN J R, FITZSIMONS G J. Putting brands in their place: How a lack of control keeps brands contained [J]. Journal of Marketing Research, 2013, 50 (3): 365 – 377.

[62] DAWAR N, ANDERSON P F. The effects of order and direction on multiple brand extensions [J]. Journal of Business Research, 1994, 30 (2): 119 – 129.

[63] DAY R L, LANDON E L. Collecting comprehensive consumer complaint data by survey research [D]. In B. B. Anderson (Eds.), Advances in Consumer Research (Atlanta: Association for Consumer Research, 1976.

[64] De BOCK T, PANDELAERE M, Van KENHOVE P. When colors backfire: the impact of color cues on moral judgment [J]. Journal of Consumer Psychology, 2013, 23 (3): 341 – 348.

[65] Di MURO F, NOSEWORTHY T J. Money isn't everything, but it helps if it doesn't look used: how the physical appearance of money influences spending [J]. Journal of Consumer Research, 2013, 39 (6): 1330 – 1342.

[66] DONG P, HUANG X I, ZHONG C. Ray of hope: hopelessness increases preferences for brighter lighting [J]. Social Psychological and Personality Science, 2015, 6 (1): 84 – 91.

[67] DUBOSE C N, CARDELLO A V, MALLER O. Effects of colorants and flavorants on identification, perceived flavor intensity, and hedonic quality of fruit-flavored beverages and cake [J]. Journal of Food Science, 1980, 45 (5): 1393 – 1399.

[68] DWECK C S, CHIU C, HONG Y. Implicit theories and their role in judgments and reactions: a world from two perspectives [J]. Psychological Inquiry, 1995, 6 (4): 267 – 285.

[69] ELLIOT A J, MAIER M A. Color psychology: effects of perceiving color on psychological functioning in humans [J]. Annual Review of Psychology, 2014, 65 (1): 95 – 120.

[70] ESKINE K J, KACINIK N A, PRINZ J J. A bad taste in the mouth: gustatory disgust influences moral judgment [J]. Psychological Science, 2011, 22 (3): 295 – 299.

[71] ESTES Z, GIBBERT M, GUEST D, et al. A dual-process

model of brand extension: taxonomic feature-based and thematic relation-based similarity independently drive brand extension evaluation [J]. Journal of Consumer Psychology, 2012, 22 (1): 86 – 101.

[72] FISHER J D, RYTTING M, HESLIN R. Hands touching hands: affective and evaluative effects of an interpersonal touch [J]. Sociometry, 1976, 39 (4): 416 – 421.

[73] FOLKES V S. Consumer reactions to product failure: an attributional approach [J]. Journal of Consumer Research, 1984, 10 (4): 398 – 409.

[74] GEREND M A, SIAS T. Message framing and color priming: how subtle threat cues affect persuasion [J]. Journal of Experimental Social Psychology, 2009, 45 (4): 999 – 1002.

[75] GINDRAT A, CHYTIRIS M, BALERNA M, et al. Use-dependent cortical processing from fingertips in touchscreen phone users [J]. Current Biology, 2015, 25 (1): 109 – 116.

[76] GLENBERG A M. Embodiment as a unifying perspective for psychology [J]. Wiley Interdisciplinary Reviews: Cognitive Science, 2010: 586 – 596.

[77] GLENBERG A M, WITT J K, METCALFE J. From the revolution to embodiment 25 years of cognitive psychology [J]. Perspectives on Psychological Science, 2013, 8 (5): 573 – 585.

[78] GREGAN PAXTON J, JOHN D R. Consumer learning by analogy: a model of internal knowledge transfer [J]. Journal of Consumer Research, 1997, 24 (3): 266 – 284.

[79] GRÖNHAUG K, KVITASTEIN O. Purchases and complaints: a logit-model analysis [J]. Psychology and Marketing, 1991, 8 (1): 21 – 35.

[80] GRÖNROOS C. A service quality model and its marketing impli-

cations [J]. European Journal of Marketing, 1984, 18 (4): 36 –44.

[81] GRÖNROOS C. Service Quality: The six criteria of good perceived service quality [J]. Review of Business, 1988, 9 (3): 10 –30.

[82] GU Y, BOTTI S, FARO D. Turning the page: The impact of choice closure on satisfaction [J]. Journal of Consumer Research, 2013, 40 (2): 268 –283.

[83] HAGTVEDT H. The impact of incomplete typeface logos on perceptions of the firm [J]. Journal of Marketing, 2011, 75 (4): 86 –93.

[84] HALSTEAD D, MORASH E A, OZMENT J. Comparing objective service failures and subjective complaints: an investigation of domino and halo effects [J]. Journal of Business Research, 1996, 36 (2): 107 –115.

[85] HANSEN J, KUTZNER F, WÄNKE M. Money and thinking: Reminders of money trigger abstract construal and shape consumer judgments [J]. Journal of Consumer Research, 2013, 39 (6): 1154 – 1166.

[86] HARLOW H F. The nature of love [J]. American Psychologist, 1958, 13 (12): 658 –673.

[87] HAVAS D A, GLENBERG A M, GUTOWSKI K A, et al. Cosmetic use of botulinum toxin-a affects processing of emotional language [J]. Psychological Science, 2010, 21 (7): 895 –900.

[88] HOCUTT M A, CHAKRABORTY G, MOWEN J C. The impact of perceived justice on customer satisfaction and intention to complain in a service recovery [J]. Advances in Consumer Research, 1997 , 24 (1): 457 –463.

[89] HOLLAND R W, HENDRIKS M, AARTS H. Smells like clean spirit: nonconscious effects of scent on cognition and behavior [J]. Psychological Science, 2005, 16 (9): 689 –693.

[90] HONG S, Jr. WYER R S. Effects of country-of-origin and product-attribute information on product evaluation: an information processing perspective [J]. Journal of Consumer Research, 1989, 16 (2): 175 – 187.

[91] HORNIK J. Tactile stimulation and consumer response [J]. Journal of Consumer Research, 1992, 19 (3): 449 – 458.

[92] HORNIK J, ELLIS S. Strategies to secure compliance for a mall intercept interview [J]. Public Opinion Quarterly, 1988, 52 (4): 539 – 551.

[93] HUANG X I, LI X, ZHANG M. "Seeing" the social roles of brands: how physical positioning influences brand evaluation [J]. Journal of Consumer Psychology, 2013, 23 (4): 509 – 514.

[94] HUANG X I, ZHANG M, HUI M K, et al. Warmth and conformity: the effects of ambient temperature on product preferences and financial decisions [J]. Journal of Consumer Psychology, 2014, 24 (2): 241 – 250.

[95] HUNG I W, LABROO A A. From firm muscles to firm willpower: understanding the role of embodied cognition in self-regulation [J]. Journal of Consumer Research, 2011, 37 (6): 1046 – 1064.

[96] IJZERMAN H, SEMIN G R. The thermometer of social relations: mapping social proximity on temperature [J]. Psychological Science, 2009, 20 (10): 1214 – 1220.

[97] ISAACSON W. Steve Jobs [M]. New York: Simon & Schuster, 2011.

[98] ISEN A M. An influence of positive affect on decision making in complex situations: theoretical issues with practical implications [J]. Journal of Consumer Psychology, 2001, 11 (2): 75 – 85.

[99] JANISZEWSKI C, OSSELAER S M J V. A connectionist mod-

el of brand-quality associations [J]. Journal of Marketing Research, 2000, 37 (3): 331 – 350.

[100] JOSTMANN N B, LAKENS D, SCHUBERT T W. Weight as an embodiment of importance [J]. Psychological Science, 2009, 20 (9): 1169.

[101] KELLARIS J J, KENT R J. An exploratory investigation of responses elicited by music varying in tempo, tonality, and texture [J]. Journal of Consumer Psychology, 1993, 2 (4): 381 – 401.

[102] KELLER K L. Conceptualizing, measuring, and managing customer-based brand equity [J]. Journal of Marketing, 1993, 57 (1): 1.

[103] KELLER K L. Strategic brand management: building, measuring, and managing brand equity [M]. 3rd. New Jersey: Prentice Hall, 2007.

[104] KELLER K L, AAKER D A. The effects of sequential introduction of brand extensions [J]. Journal of Marketing Research, 1992, 29 (1): 35 – 50.

[105] KELLEY H H. Attribution theory in social psychology [C]. In D. Levine (Eds.), Nebraska Symposium of Motivation (Lincoln, 1967.

[106] KIM H, JOHN D R. Consumer response to brand extensions: construal level as a moderator of the importance of perceived fit [J]. Journal of Consumer Psychology, 2008, 18 (2): 116 – 126.

[107] KING D, JANISZWESKI C. Affect-gating [J]. Journal of Consumer Research, 2011, 38 (4): 697 – 711.

[108] KOCH S, HOLLAND R W, HENGSTLER M, et al. Body locomotion as regulatory process: stepping backward enhances cognitive control [J]. Psychological Science, 2009, 20 (5): 549 – 550.

[109] KOZINETS R V. Technology/Ideology: how ideological fields

influence consumers' technology narratives [J]. Journal of Consumer Research, 2008, 34 (6): 865 – 881.

[110] KRIDER R E, RAGHUBIR P, KRISHNA A. Pizzas Π or square psychophysical biases in area estimation [J]. Marketing Science, 2001, 20 (4): 405 – 425.

[111] KRISHNA A. Sensory marketing: research on the sensuality of products [M]. New York: Taylar & Francis Group, 2010.

[112] KRISHNA A. An integrative review of sensory marketing: engaging the senses to affect perception, judgment and behavior [J]. Journal of Consumer Psychology, 2012, 22 (3): 332 – 351.

[113] KRISHNA A. Customer sense: how the 5 senses influence buying behavior [M]. New York: Palgrave Macmillan, 2013.

[114] KRISHNA A, ELDER R S, CALDARA C. Feminine to smell but masculine to touch? Multisensory congruence and its effect on the aesthetic experience [J]. Journal of Consumer Psychology, 2010, 20 (4): 410 – 418.

[115] KRISHNA A, LWIN M O, MAUREEN M. Product scent and memory [J]. Journal of Consumer Research, 2010, 37 (1): 57 – 67.

[116] KRISHNA A, MORRIN M. Does touch affect taste? The perceptual transfer of product container haptic cues [J]. Journal of Consumer Research, 2008, 34 (6): 807 – 818.

[117] KRISHNA A, SCHWARZ N. Sensory marketing, embodiment, and grounded cognition: a review and introduction [J]. Journal of Consumer Psychology, 2014, 24 (2): 159 – 168.

[118] LAUFER D, SILVERA D H, MEYER T. Exploring differences between older and younger consumers in attributions of blame for product harm crises [J]. Academy of Marketing Science Review, 2005, 7 (1): 1 – 13.

[119] LEE E H, SCHNALL S. The influence of social power on weight perception [J]. Journal of Experimental Psychology: General, 2014, 143 (4): 1719 – 1725.

[120] LEE S W S, SCHWARZ N. Washing away postdecisional dissonance [J]. Science, 2010, 328 (5979): 709.

[121] LEE S W, SCHWARZ N. Bidirectionality, mediation, and moderation of metaphorical effects: the embodiment of social suspicion and fishy smells [J]. Journal of Personality and Social Psychology, 2012, 103 (5): 737 – 749.

[122] LEVY S R, DWECK C S. Trait – Versus Process – Focused social judgment [J]. Social Cognition, 1998, 16 (1): 151 – 172.

[123] LEVY S R, PLAKS J E, DWECK C S. Modes of social thought: implicit theories and social understanding [M]// Chaiken S, Trope Y. Dual process theories in social psychology (New York: Guilford Press, 1999.

[124] LIEBERMAN K, OCHSNER N. The emergence of social cognitive neuroscience [J]. American Psychologist, 2001, 56 (9): 717.

[125] LILJENQUIST K, ZHONG C, GALINSKY A D. The smell of virtue: clean scents promote reciprocity and charity [J]. Psychological Science, 2010, 21 (3): 381 – 383.

[126] LINSTROM M. Brand sense: Sensory secrets behind the stuff we buy [M]. London: Kogan Page Ltd, 2010.

[127] LOKEN B, JOHN D R. Diluting brand beliefs: When do brand extensions have a negative impact [J]? Journal of Marketing, 1993, 57 (3): 71 – 84.

[128] LORIG T S. Human EEG and odor response [J]. Progress in Neurobiology, 1989, 33 (5 – 6): 387.

[129] LOVELOCK C H, WIRTZ J. Services marketing: people,

technology, strategy, 5th edition ［M］. Englewood Cliffs: Prentice Hall, 2004.

［130］ MACINNIS D J, PARK C W. The differential role of characteristics of music on high-and low-Involvement consumers' processing of ads ［J］. Journal of Consumer Research, 1991, 18（2）: 161 – 173.

［131］ MAO H, KRISHNAN H S. Effects of prototype and exemplar fit on brand extension evaluations: a two-process contingency model ［J］. Journal of Consumer Research, 2006, 33（1）: 41 – 49.

［132］ MARTTIN B A S. A stranger's touch: effects of accidental interpersonal touch on consumer evaluations and shopping time ［J］. Journal of Consumer Research, 2012, 39（1）: 174 – 184.

［133］ MATHUR P, JAIN S P, MAHESWARAN D. Consumers' implicit theories about personality influence their brand personality judgments ［J］. Journal of Consumer Psychology, 2012, 22（4）: 545 – 557.

［134］ MATTILAA A S, WIRTZ J. Congruency of scent and music as a driver of in-store evaluations and behavior ［J］. Journal of Retailing, 2001, 77（2）: 273 – 289.

［135］ MCGLONE F, OLAUSSON H, BOYLE J A, et al. Touching and feeling: differences in pleasant touch processing between glabrous and hairy skin in humans ［J］. European Journal of Neuroscience, 2012, 35（11）: 1782 – 1788.

［136］ MCGLONE F, WESSBERG J, OLAUSSON H. Discriminative and affective touch: sensing and feeling ［J］. Neuron, 2014, 82（4）: 737 – 755.

［137］ MEHTA R, ZHU R J. Blue or red? Exploring the effect of color on cognitive task performances ［J］. Science, 2009, 323（5918）: 1226 – 1229.

[138] MEIER B P, DIONNE S. Downright sexy: Verticality, implicit power, and perceived physical attractiveness [J]. Social Cognition, 2009, 27 (6): 883 – 892.

[139] MEIER B P, MOELLER S K, RIEMER – PELTZ M, et al. Sweet taste preferences and experiences predict pro-social inferences, personalities, and behaviors [J]. Journal of Personality and Social Psychology, 2012, 102 (1): 163 – 174.

[140] MEYERS – LEVY J, PERACCHIO L A. Getting an angle in advertising: the effect of camera angle on product evaluations [J]. Journal of Marketing Research, 1992, 29 (4): 454 – 461.

[141] MEYERS – LEVY J, ZHU R J, LAN J. Context effects from bodily sensations: examining bodily sensations induced by flooring and the moderating role of product viewing distance [J]. Journal of Consumer Research, 2010, 37 (1): 1 – 14.

[142] MEYVIS T, GOLDSMITH K, DHAR R. The importance of the context in brand extension: how pictures and comparisons shift consumers' focus from fit to quality [J]. Journal of Marketing Research, 2012, 49 (2): 206 – 217.

[143] MEYVIS T, JANISZEWSKI C. When are broader brands stronger brands? An accessibility perspective on the success of brand extensions [J]. Journal of Consumer Research, 2004, 31 (2): 346 – 357.

[144] MICHEL S. Consequences of Perceived Acceptability of a bank's service failures [J]. Journal of Financial Services Marketing, 2004, 8 (4): 367 – 377.

[145] MICK D G, FOURNIER S. Paradoxes of technology: consumer cognizance, emotions, and coping strategies [J]. Journal of Consumer Research, 1998, 25 (2): 123 – 143.

[146] MILLIMAN R E. Using Background Music to affect the behav-

ior of supermarket shoppers [J]. Journal of Marketing, 1982, 46 (3):
86 – 91.

[147] MILLIMAN R E. The Influence of background music on the
behavior of restaurant Patrons [J]. Journal of Consumer Research, 1986,
13 (2): 286 – 289.

[148] MONGA A B, GÜRHAN – CANLI Z. The influence of mating
mind-sets on brand extension evaluation [J]. Journal of Marketing Re-
search, 2012, 49 (4): 581 – 593.

[149] MONGA A B, JOHN D R. Cultural differences in brand ex-
tension evaluation: the influence of analytic versus holistic thinking [J].
Journal of Consumer Research, 2007, 33 (4): 529 – 536.

[150] MONGA A B, JOHN D R. What makes brands elastic? the
influence of brand concept and styles of thinking on brand extension evalua-
tion [J]. Journal of Marketing, 2010, 74 (3): 80 – 92.

[151] MONTAGU A. Touching [M]. New York: Harper Collins,
1986.

[152] MORHENN V B, PARK J W, PIPER E, et al. Monetary
sacrifice among strangers is mediated by endogenous oxytocin release after
physical contact [J]. Evolution and Human Behavior, 2008, 29 (6):
375 – 383.

[153] NEWMAN G E, DIESENDRUCK G, BLOOM P. Celebrity
contagion and the value of objects [J]. Journal of Consumer Research,
2011, 38 (2): 215 – 228.

[154] NORTH A C, HARGREAVES D J, MCKENDRICK J. The
influence of in-store music on wine selections [J]. Journal of Applied Psy-
chology, 1999, 84 (2): 271.

[155] NOSE I, INOUE K, TSUTSUI K, et al. Brain mechanisms
for time and space interval perception [J]. Neuro Image, 2001, 13

(6): 921.

[156] PAN Y, SCHMITT B. Language and brand attitudes: impact of script and sound matching in Chinese and English [J]. Journal of Consumer Psychology, 1996, 5 (3): 263 – 277.

[157] PARK C W, YOUNG S M. Consumer response to television commercials: the impact of involvement and background music on brand attitude formation [J]. Journal of Marketing Research, 1986, 23 (1): 11 – 24.

[158] PECK J, BARGER V A, WEBB A. In search of a surrogate for touch: the effect of haptic imagery on perceived ownership [J]. Journal of Consumer Psychology, 2013, 23 (2): 189 – 196.

[159] PECK J, CHILDERS T L. Individual differences in haptic information processing: the "need for touch" scale [J]. Journal of Consumer Research, 2003a, 30 (3): 430 – 442.

[160] PECK J, CHILDERS T L. To have and to hold: the influence of haptic information on product judgments [J]. Journal of Marketing, 2003b, 67 (2): 35 – 48.

[161] PECK J, CHILDERS T L. If I touch it I have to have it: individual and environmental influences on impulse purchasing [J]. Journal of Business Research, 2006, 59 (6): 765 – 769.

[162] PECK J, CHILDERS T L. If it tastes, smells, sounds, and feels like a duck, then it must be a. . . : effects of sensory factors on consumer behaviors [M]// Haugtvedt C P, Herr P M, Kardes F R. Handbook of consumer psychology. Florence, KY: Psychology Press, 2008: 193 – 219.

[163] PECK J, SHU S B. The effect of mere touch on perceived ownership [J]. Journal of Consumer Research, 2009, 36 (3): 434 – 447.

［164］PETROCELLI J V, TORMALA Z L, RUCKER D D. Unpacking attitude certainty: attitude clarity and attitude correctness ［J］. Journal of Personality and Social Psychology, 2007, 92 (1): 30.

［165］PHAM M T, GOUKENS C, LEHMANN D R, et al. Shaping customer satisfaction through self-awareness cues ［J］. Journal of Marketing Research, 2010, 47 (5): 920 - 932.

［166］POON P S, HUI M K, AU K. Attributions on dissatisfying service encounters: a cross-cultural comparison between Canadian and PRC consumers ［J］. European Journal of Marketing, 2004, 38 (11/12): 1527 - 1540.

［167］POON T, GROHMANN B. Spatial density and ambient scent: effects on consumer anxiety ［J］. American Journal of Business, 2014, 29 (1): 76 - 94.

［168］PREACHER K J, HAYES A F. SPSS and SAS procedures for estimating indirect effects in simple mediation models ［J］. Behavior Research Methods, Instruments, Computers, 2004, 36 (4): 717 - 731.

［169］PREACHER K J, HAYES A F. Asymptotic and resampling strategies for assessing and comparing indirect effects in multiple mediator models ［J］. Behavior Research Methods, 2008, 40 (3): 879 - 891.

［170］RAGHUBIR P, KRISHNA A. Vital dimensions in volume perception: can the eye fool the stomach? ［J］. Journal of Marketing Research, 1999, 36 (3): 313 - 326.

［171］RICHINS M L. Negative word-of-mouth by dissatisfied consumers: a pilot study ［J］. Journal of Marketing, 1983, 47 (1): 68 - 78.

［172］RICHINS M L, VERHAGE B J. Seeking redress for consumer dissatisfaction: the role of attitudes and situational factors ［J］. Journal of Consumer Policy, 1985, 8 (1): 29 - 44.

［173］RUCKER D D, PETTY R E, BRIÑOL P. What's in a frame

anyway?: a meta-cognitive analysis of the impact of one versus two sided message framing on attitude certainty [J]. Journal of Consumer Psychology, 2008, 18 (2): 137 – 149.

[174] SCHNALL S, HAIDT J, CLORE G L, et al. Disgust as embodied moral judgment [J]. Personality and Social Psychology Bulletin, 2008, 34 (8): 1096 – 1109.

[175] SCHNEIDER I K, EERLAND A, VAN HARREVELD F, et al. One way and the other: the bidirectional relationship between ambivalence and body movement [J]. Psychological Science, 2013, 24 (3): 319 – 325.

[176] SETHI R. New product quality and product development teams [J]. Journal of Marketing, 2000, 64 (2): 1 – 14.

[177] SHEN H, SENGUPTA J. If you can't grab it, it won't grab you: the effect of restricting the dominant hand on target evaluations [J]. Journal of Experimental Social Psychology, 2012, 48 (2): 525 – 529.

[178] SHIH C, VENKATESH A. Beyond adoption: development and application of a use-diffusion model [J]. Journal of Marketing, 2004, 68 (1): 59 – 72.

[179] SLEPIAN M L, WEISBUCH M, RULE N O, et al. Tough and tender embodied categorization of gender [J]. Psychological Science, 2011, 22 (1): 26 – 28.

[180] SOOD S, KELLER K L. The effects of brand name structure on brand extension evaluations and parent brand dilution [J]. Journal of Marketing Research, 2012, 49 (3): 373 – 382.

[181] SPANGENBERG E R, GROHMANN B, SPROTT D E. It's beginning to smell (and sound) a lot like christmas: the interactive effects of ambient scent and music in a retail detting [J]. Journal of Business Research, 2005, 58 (11): 1583 – 1589.

[182] STEINHART Y, KAMINS M, MAZURSKY D, et al. Effects of product type and contextual cues on eliciting naive theories of popularity and exclusivity [J]. Journal of Consumer Psychology, 2014, 24 (4): 472 – 483.

[183] STEPPER S, STRACK F. Proprioceptive determinants of e-motional and nonemotional feelings [J]. Journal of Personality and Social Psychology, 1993, 64 (2): 211.

[184] STRACK F, MARTIN L L, STEPPER S. Inhibiting and fa-cilitating conditions of the human smile: a nonobtrusive test of the facial feedback hypothesis [J]. Journal of personality and social psychology, 1988, 54 (5): 768 – 777.

[185] STROOP J R. Studies of interference in serial verbal reactions [J]. Journal of Experimental Psychology, 1935 (18): 643 – 662.

[186] SUN Y, LI S, BONINI N, et al. Graph - framing effects in decision making [J]. Journal of Behavioral Decision Making, 2012, 25 (5): 491 – 501.

[187] SWAMINATHAN V, FOX R J, REDDY S K. The impact of brand extension introduction on choice [J]. Journal of Marketing, 2001, 65 (4): 1 – 15.

[188] TELLIS G J, YIN E, NIRAJ R. Does quality win? network effects versus quality in high-tech markets [J]. Journal of Marketing Re-search, 2009, 46 (2): 135 – 149.

[189] THALER R H, SUNSTEIN C R. Nudge: improving deci-sions about health, wealth and happiness [M]. Yale University Press, 2008.

[190] TORELLI C J, AHLUWALIA R. Extending culturally sym-bolic brands: a blessing or a curse? [J]. Journal of Consumer Research, 2012, 38 (5): 933 – 947.

[191] TORMALA Z L, PETTY R E. What doesn't kill me makes me stronger: the effects of resisting persuasion on attitude certainty [J]. Journal of Personality and Social Psychology, 2002, 83 (6): 1298 – 1313.

[192] TREISMAN A M. Properties, parts and objects [M]// Boff K R, Kaufman L, Thomas. J P. Handbook of perception and human performance. New York: Wiley, 1986.

[193] VAN ITTERSUM K, WANSINK B. Plate size and color suggestibility: the delboeuf illusion's bias on serving and eating behavior [J]. Journal of Consumer Research, 2012, 39 (2): 215 – 228.

[194] VÖLCKNER F, SATTLER H. Drivers of brand extension success [J]. Journal of Marketing, 2006, 70 (2): 18 – 34.

[195] VOORHEES C M, BRADY M K. A service perspective on the drivers of complaint intentions [J]. Journal of Service Research, 2005, 8 (2): 192 – 204.

[196] WATSON D, CLARK L A, TELLEGEN A. Development and validation of brief measures of positive and negative effect: the PANAS scales [J]. Journal of Personality and Social Psychology, 1988, 54 (6): 1063 – 1070.

[197] WEBB A, PECK J. Individual differences in interpersonal touch: on the development, validation, and use of the "Comfort with Interpersonal Touch" (CIT) scale [J]. Journal of Consumer Psychology, 2015, 25 (1): 60 – 77.

[198] WEBSTER C, SUNDARAM D S. Service consumption criticality in failure recovery [J]. Journal of Business Research, 1998, 41 (2): 153 – 159.

[199] WEINER B. An attributional theory of achievement motivation and emotion [J]. Psychological Review, 1985, 92 (4): 548.

[200] WELLS G L, PETTY R E. The effects of overt head move-

ments on persuasion: compatibility and incompatibility of responses [J]. Basic and Applied Social Psychology, 1980, 1 (3): 219 – 230.

[201] WILLIAMS L E, BARGH J A. Experiencing physical warmth promotes interpersonal warmth [J]. Science, 2008, 322 (5901): 606 – 607.

[202] YALCH R, SPANGERBERG E S. The effects of music in a retail setting on real and perceived shopping times [J]. Journal of Business Research, 2000, 49 (2): 139 – 147.

[203] YEO J, PARK J. Effects of parent-extension similarity and self regulatory focus on evaluations of brand extensions [J]. Journal of Consumer Psychology, 2006, 16 (3): 272 – 282.

[204] YORKSTON E A, NUNES J C, MATTA S. The malleable brand: the role of implicit theories in evaluating brand extensions [J]. Journal of Marketing, 2010, 74 (1): 80 – 93.

[205] YORKSTON E, MENON G. A sound idea: phonetic effects of brand names on consumer judgments [J]. Journal of Consumer Research, 2004, 31 (1): 43 – 51.

[206] ZAMPINI M, SPENCE C. Modifying the multisensory perception of a carbonated beverage using auditory cues [J]. Food Quality and Preference, 2005, 16 (7): 632 – 641.

[207] ZEITHAML V A, BERRY L L, PARASURAMAN A. The behavioral consequences of service quality [J]. Journal of Marketing, 1996, 60 (2): 31 – 46.

[208] ZEITHAML V A, BITNER M J. Services marketing: integrating customer focus across the firm [M]. New York: McGraw Hill, 2003.

[209] ZHANG M, LI X. From physical weight to psychological significance: the contribution of semantic activations [J]. Journal of Consumer Research, 2012, 38 (6): 1063 – 1075.

[210] ZHANG S, SOOD S. "Deep" and "surface" cues: brand extension evaluations by children and adults [J]. Journal of Consumer Research, 2002, 29 (1): 129 – 141.

[211] ZHANG Y, FEICK L, PRICE L J. The impact of self-construal on aesthetic preference for angular versus rounded shapes [J]. Personality and Social Psychology Bulletin, 2006, 32 (6): 794 – 805.

[212] ZHAO X, LYNCH J G, CHEN Q. Reconsidering baron and kenny: myths and truths about mediation analysis [J]. Journal of Consumer Research, 2010, 37 (2): 197 – 206.

[213] ZHONG C, BOHNS V K, GINO F. Good lamps are the best police: darkness increases dishonesty and self-interested behavior [J]. Psychological Science, 2010, 21 (3): 311 – 314.

[214] ZHONG C, LEONARDELLI G J. Cold and lonely: does social exclusion literally feel cold? [J]. Psychological Science, 2008, 19 (9): 838 – 842.

[215] ZHOU X, VOHS K D, BAUMEISTER R F. The symbolic power of money: reminders of money alter social distress and physical pain [J]. Psychological Science, 2009, 20 (6): 700 – 706.

[216] ZHOU X, WILDSCHUT T, SEDIKIDES C, et al. Heartwarming memories: nostalgia maintains physiological comfort [J]. Emotion, 2012, 12 (4): 678 – 684.

[217] ZHU R J, ARGO J J. Exploring the impact of various shaped seating arrangements on persuasion [J]. Journal of Consumer Research, 2013, 40 (2): 336 – 349.

附　录

1. 实验 1 材料

（1）软硬操纵材料

上图为硬触感组，下图为软触感组。

（2）服务失败刺激材料及问卷

服务体验调查

亲爱的同学：

你好！

感谢你抽出宝贵时间参与该学术调查，你所提供的回答没有对错之分，并且所有信息仅用于学术研究，请放心作答！

请根据问卷要求按顺序作答即可。

生活中会碰到一些企业的服务让顾客觉得不满意，请你阅读下面的服务场景，并回答文字后面的问题：

张先生是一家公司的经理，经常到世界各地出差，常住酒店。有一次，张先生被公司派往某地与一位重要客户会面。经过长时间飞行，张先生到达酒店是已经是当地时间凌晨2点了。在办理入住时，酒店前台人员告诉张先生，不知什么原因张先生的预订信息没有被正确输入系统，以致酒店没有保留房间。张先生告诉酒店工作人员，自己在9点钟要与客户会面，需要尽快入住休息。酒店在凌晨3点安排张先生到附近一家同集团的连锁酒店临时入住。

请回答以下问题，1 = 最左端的观点，7 = 最右端的观点，其他数字介于两者之间，请在符合你自己观点的数字上打勾或者画圈。

①如果你和张先生一样遇到相同的情况，你觉得上述服务失败事件的严重性程度是：

一点也不严重 1—2—3—4—5—6—7—8—9—10 非常严重

②你认为此次酒店的负面行为是：

完全不可以原谅的 1—2—3—4—5—6—7 完全可以原谅的

③你是否会向他人诉说此次的负面遭遇：

完全不会 1—2—3—4—5—6—7 完全会

④你愿意继续跟该酒店有交往吗：

完全不想继续交往 1—2—3—4—5—6—7 完全愿意继续交往

2. 实验 2 材料

（1）软硬操纵材料

左图为硬触感材料，右图为软触感材料。

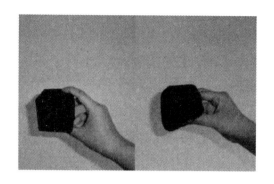

（2）情绪测量问卷

请认真阅读下列形容词，并指出你此时此刻体验到每一种情绪或心理状态的程度。其中 1 = 非常少或几乎没有，2 = 有一点，3 = 中度，4 = 相当多，5 = 非常多。请在数字上打勾或画圈。

几乎没有——中度——非常多

①急躁的　　　　　　1—2—3—4—5

②痛苦的　　　　　　1—2—3—4—5

③坚定的　　　　　　1—2—3—4—5

④紧张的　　　　　　1—2—3—4—5

⑤热情的　　　　　　1—2—3—4—5

⑥活跃的　　　　　　1—2—3—4—5

（3）中介变量测量问卷

在下面的内容里，你将看到 8 句表达个人观点的句子，请指出你此时此刻在多大程度上同意这些观点。你所提供的回答没有对错之分，请放心作答！

1 = 非常不同意，6 = 非常同意。请在符合的数字上打勾或者画圈。

个人观点	同意的程度
	非常不同意——非常同意
①虽然做每件事情的方式不同，但每个人身上最重要的部分是难以改变的	1—2—3—4—5—6
②人们可以从根本上改变自己	1—2—3—4—5—6
③每个人身上最基本的东西不会有很多改变	1—2—3—4—5—6
④无论任何人都可以改变自己的基本特质	1—2—3—4—5—6
⑤每个人都是特定类型的，没什么能真正使人们发生改变	1—2—3—4—5—6
⑥人们甚至可以改变最基本的素质	1—2—3—4—5—6

（4）服务失败刺激材料及问卷

生活中会碰到一些企业的服务让顾客觉得不满意，请你阅读下面的服务场景，并回答文字后面的问题：

你到一家电器商店买空调，看到一款空调打折促销，折扣幅度大，决定购买后发现自己没带钱包，于是你对一个店员说，你回去取钱很快回来。你在回去的路上遇到了熟人，和他聊了一会儿。当你回到电器商店的时候，发现最后一台你想购买的那款空调已经被卖掉了。你找到店员询问，店员表示因为没有等到你回来，而又有其他客人要买，于是只好卖给别人了。你向商店投诉，商店与你协商说，原先那款的确已经售完，只能在其他款空调产品上提供一些小幅度优惠，建议你重新选择其他款空调。

请回答以下问题，1 = 最左端的观点，9 = 最右端的观点，其他数字介于两者之间，请在符合你自己观点的数字上打勾或者画圈。

①你觉得上述服务失败事件的严重性程度是：

一点也不严重 1—2—3—4—5—6—7—8—9 非常严重

②你认为此次商店的负面行为是：

完全不可以原谅的 1—2—3—4—5—6—7—8—9 完全可以原谅的

③你会再次光顾这家商店吗：

完全不会再次光顾 1—2—3—4—5—6—7—8—9 完全会再次光顾

④你愿意继续跟该商店有交往吗：

完全不想继续交往 1—2—3—4—5—6—7—8—9 完全愿意继续交往

⑤你是否会向他人诉说此次的负面遭遇：

完全不会诉说 1—2—3—4—5—6—7—8—9 完全会诉说

3. 实验 3 材料

（1）软硬操纵材料

左图为硬座椅，右图为软座椅。

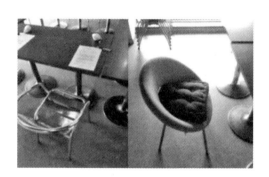

左图为硬玩具球，右图为软玩具球，中图为自然状态下的两种玩具球。

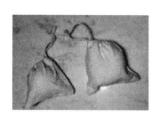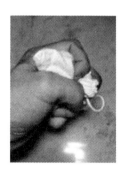

（2）问卷指导语

按顺序完成各问卷，其中最后一份问卷我们希望了解一件玩具球产品及其包装的质量和耐用性；为了使你有充足的时间触摸和感受产品，请你用无需写字的手拿起桌面上的小布袋，一直手握，不要放下，直到完成全部问卷。

为了更好地测试产品质量，请在手握过程中充分触摸产品及包装（例如，经常用力握紧产品，等等），但不要打开包装。过程中如果有任何问题，请举手向工作人员示意，不要与其他同学讨论。谢谢，请开始。

（3）情绪测量问卷

请认真阅读下列形容词，并指出你此时此刻体验到每一种情绪或心理状态的程度。其中 1 = 非常少或几乎没有，2 = 有一点，3 = 中度，4 = 相当多，5 = 非常多。请在数字上打勾或画圈。

几乎没有——中度——非常多

①急躁的　　　　　　1—2—3—4—5

②痛苦的　　　　　　1—2—3—4—5

③自豪的　　　　　　1—2—3—4—5

④紧张的　　　　　　1—2—3—4—5

⑤热情的　　　　　　1—2—3—4—5

⑥活跃的　　　　　　1—2—3—4—5

⑦易怒的　　　　　　1—2—3—4—5

⑧警觉的　　　　　　1—2—3—4—5

⑨恐惧的　　　　　　1—2—3—4—5

⑩内疚的　　　　　　1—2—3—4—5

⑪专注的　　　　　　1—2—3—4—5

⑫激动的　　　　　　1—2—3—4—5

（4）品牌延伸刺激材料及问卷

你将会看到某某公司推出的一款新产品，请在仅知道品牌和产品名的情况下对以下新产品做出评估：

某某牌双肩电脑包

①请你根据自己的理解，对某某牌双肩电脑包产品做出评估，此时此刻你觉得这款产品：

很差 1—2—3—4—5—6—7 很好

非常不喜欢 1—2—3—4—5—6—7 非常喜欢

非常负面 1—2—3—4—5—6—7 非常正面

注：以上 3 组数字每一组都必须勾选一个。

②如果你现在需要购买双肩电脑包，你在多大程度上愿意购买某某双肩电脑包：

非常不愿意 1—2—3—4—5—6—7 非常愿意

---

③你认为这款新产品与某某品牌的适合程度是：

非常不适合某某品牌 1—2—3—4—5—6—7 非常适合某某品牌

（5）掩蔽真实实验目的的玩具小球"产品调查"问卷及人口统计变量测量

①请问你此时此刻的身体舒适程度如何？

　　非常不舒适 1—2—3—4—5—6—7 非常舒适

请根据对手中产品及包装的感受，对手中的产品进行评价：

②你在多大程度上喜欢手中的产品：

非常不喜欢 1—2—3—4—5—6—7 非常喜欢

③你认为手中的产品：

重量很轻 1—2—3—4—5—6—7 很重

触感：很柔软 1—2—3—4—5—6—7 很坚硬

④请回答以下问题：

你的性别是：男_____ 女_____

你的年龄是：_____

你的专业是：_____

你猜测这些调研的目的是？_____

4. 实验 4 材料

（1）品牌延伸刺激材料

你将会看到 N 公司推出的一款新产品，请在仅知道品牌和产品名的情况下对以下新产品做出评估：

N 牌电吹风

（2）因变量和中介变量的测量

①请你根据自己的理解，对 N 牌电吹风产品做出评估，此时此刻你觉得这款产品：

很差 1—2—3—4—5—6—7 很好
非常不喜欢 1—2—3—4—5—6—7 非常喜欢
非常消极 1—2—3—4—5—6—7 非常积极

②如果你现在需要购买电吹风，你在多大程度上愿意购买 N 牌电吹风：

非常不愿意 1—2—3—4—5—6—7 非常愿意

③你认为这款新产品与 N 品牌的适合程度是：

非常不适合 N 品牌 1—2—3—4—5—6—7 非常适合 N 品牌

④请问此时此刻，对于自己在上一题所做出的适合度评价，你有多么确定和坚定？

非常不确定 1—2—3—4—5—6—7—8—9 非常确定

非常不坚定 1—2—3—4—5—6—7—8—9 非常坚定

注：此处以远延伸组的问卷举例，近延伸组问卷只是将"电吹风"替换为"运动耳机"。

5. 实验 5 材料

（1）软硬操纵材料

玩具小球与实验 3 相同，见附录 3。两组都采用中等软硬程度的座椅，图片示意如下：

（2）品牌延伸刺激材料（如下）、问卷（与实验 4 基本相同，见附录 4）

你将会看到 HR 公司推出的一款新产品，请在仅知道品牌和产品名的情况下对以下新产品做出评估：

HR 牌自行车

6. 实验 6 材料

（1）问卷指导语

亲爱的同学：

诚挚地感谢你参与此次问卷调查！

整个调查由几份无关的问卷组成（因便利而放在一起），你所提供的匿名信息仅用于学术研究！你在问卷中提供的任何一个答案都没有对与错之分，只要给出你的真实想法即可。

你的真实想法对我们的研究至关重要，在此，我们对您的配合表示感谢！

（2）软硬语义启动操纵材料

请在你日常生活中经常使用或接触的物品中，想出 3 件触感非常软的物品，并按照想到的顺序写在下面的横线上：

1. _____

2. _____

3. _____

注：硬语义启动组的问卷将上文中的"软"替换为"硬"。

7. 实验 7 材料

（1）实验刺激材料

请仔细阅读以下某网站平台财经版块有关 ×× 品牌的报道截图：

请阅读有关××品牌的一些信息，并依次回答以下问题：

（2）品牌熟悉度测量

请你根据自己对××品牌的印象，在合适的数字打勾：

很不知名 1—2—3—4—5—6—7 很知名
非常不熟悉 1—2—3—4—5—6—7 非常熟悉
非常不喜欢 1—2—3—4—5—6—7 非常喜欢

（3）品牌技术评价问卷：

在阅读了上一页的新闻报道之后，请你根据自己此时此刻的想法，在以下合适的数字上打勾：1－代表完全不同意，8－代表完全同意

| 我相信××将实现这个承诺。 | 非常不同意 1—2—3—4—5—6—7—8 非常同意 |

8. 实验 8 材料

（1）实验刺激材料

YY 是一个欧洲手表品牌，即将进入中国市场。该品牌希望通过本问卷了解中国消费者看到标识后对产品性能的感觉和印象。请仔细观察以下品牌标识：

（2）品牌技术评价和熟悉度测量问卷

①下面你将看到关于 YY 手表的陈述，在仅看到品牌标识的情况下，请你根据自己的感觉和对产品的推测估计，对陈述的同意程度进行打分：

| 我觉得此手表计时可靠精准 | 非常不同意 1—2—3—4—5—6—7—8 非常同意 |

②在填写本问卷之前，你对 YY 品牌的熟悉程度是：

非常不熟悉 1—2—3—4—5—6—7 非常熟悉

③和普通的大学生相比，你觉得自己对于手表产品的知识水平是多少？

少很多 1—2—3—4—5—6—7 多很多

后　　记

　　关于触觉软硬的研究想法，源自我博士一年级时与香港中文大学沈浩教授的一次对话。那时，沈教授每两周都会不辞辛劳，专程从香港乘和谐号直通车来广州，给中山大学营销学的博士生开研讨会。我会开车去广州火车东站接他进校园。有次他一上车就问我："你上周提交的研究想法挺好的，你有没有读过《科学》（Science）那篇触觉的文章？"在我承认自己并没有读过之后，沈教授鼓励我说："如果没读过还能提出这个想法，那就很不错。多读文献，也许可以做点不一样的东西。"沈教授是华人消费者行为研究领域的明星学者，他的认可当然让我心花怒放。车开到中大北门，我按键取卡之后闸门缓缓打开。当时我就觉得这哪里是校门，简直就是科研的大门在向我敞开；那张卡也不是校园的停车证，仿佛是我拿到的学术的通行证。

　　满怀憧憬地进入触觉领域之后，才发现想要把灵光乍现的想法做成扎实的研究，有太多的理论要学习，还有太多的操作性障碍要跨越。例如，彼时具身认知理论在心理学界受到一些重复性研究和新研究的挑战，开启新效应的验证有可能失败。再如，以视觉刺激为操纵手段的实验可以通过手机或电脑屏幕完成，使用互联网问卷平台就可以快速收集数据，可是真实触觉刺激操纵只能在实体实验室中完成。更令人沮丧的是，刺激物软硬触感的变化必然引发表面质感的差异，而当时的文献中也没有提供特别干净的操纵方法。

　　幸运地是，在理论学习、实验设计实施以及同行交流中，我得到了我的导师、前辈学者、同学朋友和家人的诸多支持。例如，我的导师王海忠教授在我读博期间提供了十分充足的学习资源，他总是询问我的需要，并及时提供包括经费支持在内的各种帮助；周欣悦教授允许我旁听她的组会，并会发给我密切相关的最新文献；上海财经大学叶巍岭老师和香港理工的王文博老师，帮我和国外顶尖学者取得联系，让我有机会翻译其著作；周影辉老师不厌其烦地解决我在统计方面的菜鸟问题；我的硕士同学潘瑞梅利用自己的业界影响力，联系了权威文献中提到的义乌供应商，寄给我软硬程度不同的两种小球；做咖啡贸易的范典同学一发现与感官有关的动态，也会第一时间发给我；我的妻子王毓帮我缝制触觉刺激物的外衣，使我能够让不同软硬的触觉刺激物保持表面质感相同。原谅我无法在此处向所有应该得到感谢的师友一一致谢。没有这些实质的帮助，我将很难完成本书的研究。

更为幸运的是，在经历了几次实验刺激和问卷材料的调整之后，软硬触觉在多个情境下的具身效应都得到了实验结果的支持。我始终坚定地认同具身认知理论的核心逻辑：人类的认知与身体体验是无法分离的；个体具体的感官体验会泛化地影响看似无关的抽象思维过程。这种信念的理论因由，在本书第3章已经有较为充分的学理化论述。但我的信念并不是这样形成的。心理学研究已经表明，个人信念往往是由经验归纳形成，在信念确立之后会选择性地关注与之相符的个案，以强化信念。因此，我想用一段个人经历和一条朋友为我选择性关注的信息，不完备地论证我的信念，以此作为这篇后记的结尾。

一段个人经历：很多年前，我刚进入一家广告公司工作，某次邀请客户来公司听创意提案。一位资深的同事叮嘱我：一定要安排那间专门给客户提案的会议室，那里有最软的椅子、最暖的灯光；还有香蕉、甜点、可乐、矿泉水；美式咖啡则一定不要提供，只提供加糖的拿铁。我还没有来得及问原因，他就告诉我：客户坐得更舒服，我们做的创意就更容易通过。

一条筛选出来的信息：2021年，WBC世界咖啡师锦标赛在意大利米兰举行。一位来自哥伦比亚的咖啡师迭戈·坎波斯一边制作咖啡，一边要求评委按照他的指引为品尝这款咖啡。坎波斯要求评委们用一只手抓住一个用白色纺织物制成绵软小球，在充分体验这颗小球的触感之后，才可以用另一只手拿起咖啡杯，让味蕾感受咖啡的醇美，同时手部的触感会锐化味觉体验。最终，坎波斯以这场主题为"咖啡五感，突破体验"的展示赢得冠军。事实上，这位咖啡师所使用的触觉干预手段和本书多个研究中所采用的方法并无二致。他的获奖也为本书提出的软硬具身效应提供了新的例证：软硬触觉不一定影响了评委对咖啡味道的真实体验，但一定影响了他们最终给出的、主观而抽象的打分。

钟　科

2022 年 10 月 16 日于海南海口